Le français
Passionnément 1
Quatrième édition

Fumiyo ANAN   Cécile MORIN

Cahier d'activites

DAISAN SHOBO

　この問題集の特徴は，音を聞く練習と繰り返しの発音練習問題を用意していること，またヒヤリングの力もつけるために，簡単な聞き取り・書き取り練習を1課から用意していることです．後半には内容聞き取り練習も入れています．音声（CD）を何度でも聞いて練習することで聞き取りの力がつきます．またこの問題集の各課の題は教科書 Le français Passionnément 1 と同じです．学習内容やテーマのわかるような題になっています．タイトルのフランス語文も覚えてください．

Exercices

1 音声を聞いて，音節の数を書きなさい． 🎧 02

Écrivez le nombre de syllabes que vous entendez.

ex.：Bonjour! [bɔ̃-ʒuʀ]（2音節）

ex.	1	2	3	4	5	6	7	8
2								

＊録音されている文は9ページにあります．

2 音声を聞いて，音節の数を確認しながら繰り返しなさい． 🎧 03

Écoutez et répétez.

  1. Allô! [a-lo]   もしもし．
  2. Merci. [mɛʀ-si]   ありがとう．
  3. Voilà Denis. [vwa-la-də-ni]   こちらがドゥニです．
  4. C'est Hélène. [sɛ-e-lɛn]   エレーヌです．
  5. Elle est jolie. [ɛ-lɛ-jɔ-li]   彼女はきれいです．
  6. Bonsoir, Cécile. [bɔ̃-swaʀ-se-sil]   こんばんは，セシル．
  7. Nous sommes français. [nu-sɔm-fʀɑ̃-sɛ] 私たちはフランス人です．
  8. Elle a deux ans. [ɛ-la-dø-zɑ̃]   彼女は2歳です．
  9. Il est beau. [i-lɛ-bo]   彼はハンサムです．
10. Enchanté! [ɑ̃-ʃɑ̃-te]   はじめまして．

3 例に従い，自己紹介しなさい． Présentez-vous comme dans l'exemple.

ex.：

Je m'appelle Stéphane Morin.

Je suis français.

Je suis informaticien.

J'ai 29 ans.

J'ai une sœur.

Elle s'appelle Marie-Noëlle.

Elle a 20 ans.

Elle est étudiante.

À vous：

Je...

Je...

4 例に従い，下の人物の職業と国籍を言う文を作りなさい．

Qui est-ce ? Présentez ces personnes. Choisissez la bonne profession et la bonne nationalité.

Noms :	**Professions :**	**Nationalités :**
ex. Gustave Eiffel	empereur	belge
1. Jean Reno	musicien	français(e)
2. John Lennon	Président	hollandais(e)
3. Saint-Exupéry	ingénieur	danois(e)
4. Napoléon	politicien	anglais(e)
5. Juliette Binoche	peintre	japonais(e)
6. Vincent Van Gogh	acteur, actrice	portugais(e)
7. Kenzo Takada	écrivain	espagnol(e)
8. Cervantès	styliste	américain(e)
		canadien(ne)

ex. Gustave Eiffel est ingénieur. Il est français.

5 音声を聞いて，その人の名刺を下から選びなさい．🎧v

Écoutez cette personne et entourez le numéro de la bonne carte de visite.

1	2	3
Lucile Thomas Femme d'affaires Angers	Céline Denis Femme de ménage Angers	Cécile Morin Femme au foyer Angers

6 音声を聞いて，下のカードの空欄を書き取りなさい．🎧b

Écoutez et complétez les fiches de renseignements.

Nom : ＿＿＿＿＿＿＿＿＿
Prénom : Laurent
Âge : ＿＿＿＿＿＿＿ ans
Nationalité : ＿＿＿＿＿＿＿
Adresse : ＿＿＿＿ rue de Paris,
　　　　　　Angers
Profession : ＿＿＿＿＿＿＿＿＿

Nom : ＿＿＿＿＿＿＿＿＿
Prénom : Isabelle
Âge : ＿＿＿＿＿＿＿ ans
Nationalité : ＿＿＿＿＿＿＿
Adresse : ＿＿＿＿ rue des Fleurs,
　　　　　　＿＿＿＿
Profession : ＿＿＿＿＿＿＿＿＿

▶ 例に従い，あなたの場合も書きなさい．À vous.

Exercices

1 [ɔ̃], [ɑ̃], [ɛ̃] のどの音が含まれているかを聞き取り，該当する欄に×印を入れなさい．🎧 06
Mettez une croix quand vous entendez les sons [ɔ̃], [ɑ̃] ou [ɛ̃].

ex. pain

	ex.	1	2	3	4	5	6	7	8	9	10
[ɔ̃]											
[ɑ̃]											
[ɛ̃]	×										

＊録音されている単語は9ページにあります．

2 音声を聞いて繰り返しなさい．🎧 07
Écoutez et répétez.

1. J'ai une maison.　　　　私は家を持っています．
2. J'adore le vin.　　　　　私はワインが大好きです．
3. J'ai faim.　　　　　　　私はお腹がすいています．
4. J'adore la peinture.　　　私は絵が大好きです．
5. J'adore les enfants.　　　私は子供が大好きです．
6. J'ai trente-deux ans.　　私は32歳です．
7. J'ai un cousin.　　　　　私には従兄弟がいます．
8. Il a quarante ans.　　　彼は40歳です．

3 下の表現を適当に用い，絵を見ながらあなたの好みを言いなさい．
Regardez les dessins suivants. Exprimez vos goûts.

« **J'aime, j'adore, j'aime beaucoup, j'aime bien, je n'aime pas beaucoup, je n'aime pas, je déteste...** »

ex. J'aime beaucoup le café.

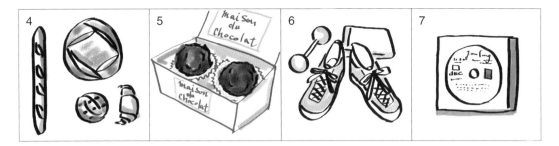

4 指示に従い答えなさい．Répondez par oui ou par non.

1. Est-ce que tu travailles beaucoup ?　— Oui, (　　　　　　　　　　).
2. Est-ce que tu étudies le français ?　— Oui, (　　　　　　　　　　).
3. Est-ce que tu aimes le café ?　— Non, (　　　　　　　　　　).
4. Est-ce que vous parlez chinois ?　— Non, (　　　　　　　　　　).
5. Est-ce que vous aimez le football ?　— Non, (　　　　　　　　　　).
6. Est-ce que tu détestes le vin ?　— Oui, (　　　　　　　　　　).
7. Est-ce qu'elles mangent des chocolats ?　— Oui, (　　　　　　　　　　).
8. Est-ce qu'elle aime bien le thé ?　— Oui, (　　　　　　　　　　).
9. Est-ce qu'ils habitent à Paris ?　— Non, (　　　　　　　　　　).
10. Est-ce qu'elles voyagent beaucoup ?　— Non, (　　　　　　　　　　).

5 適当な定冠詞を（　　）に入れなさい．🎧 08
Mettez un article défini.

1. Je m'appelle Laurent. Je suis musicien. J'adore (　　　　) musique. Mais je n'aime pas (　　　) discothèques. À (　　　) maison, je regarde (　　　) télévision, mais je préfère (　　　) cinéma. Je n'aime pas (　　　) bière, mais j'aime (　　　) bon vin. J'adore (　　　) sport.

2. Je m'appelle Marie-Noëlle. Je suis étudiante. J'aime (　　　　) musique et (　　　) livres. J'adore (　　　) sport. J'aime beaucoup (　　　) fruits, mais je déteste (　　　) bananes. Je n'aime pas beaucoup (　　　) chiens.

3. Je m'appelle Damien. Je suis étudiant. J'aime beaucoup (　　　) tennis et (　　　) cinéma. J'adore (　　　) café et (　　　) jus de fruit. Je n'aime pas (　　　) lait. Je déteste (　　　) coca. J'aime (　　　) nature, (　　　) mer et (　　　) montagne.

Exercices

1 音声を聞いて，[v] の音が含まれていれば，該当する欄に×印を入れなさい． 🎧 09

Écoutez et mettez une croix quand vous entendez le son [v], comme dans vingt.

ex.	1	2	3	4	5	6	7	8
[v]								

＊録音されている文は 13 ページにあります．

2 音声を聞いて，[b], [v] の音に注意しながら繰り返しなさい． 🎧 10

Écoutez et répétez.

1. C'est bon.　　　　　　　おいしいです．
2. Tu viens ?　　　　　　　来ますか．
3. Où vas-tu ?　　　　　　どこに行きますか．
4. Je fais la vaisselle.　　　私は皿を洗います．
5. Je vais au café.　　　　　私は喫茶店に行きます．
6. Je joue au volley-ball.　　私はバレーボールをします．
7. Je regarde la télévision.　私はテレビを見ます．
8. Elle habite à Paris.　　　彼女はパリに住んでいます．

3 適当な指示代名詞を（　　）に入れなさい． Complétez avec « ce, cet, cette, ces ».

1. (　　　　　　　　　) garçon s'appelle Philippe.
2. (　　　　　　　　　) chambre est grande.
3. (　　　　　　　　　) dictionnaire est gros.
4. (　　　　　　　　　) trains sont très rapides.
5. (　　　　　　　　　) appartement est petit.
6. (　　　　　　　　　) femme est élégante.

4 jouer à または jouer de を用いて文を完成させなさい．

Faites une phrase avec « Jouer à » + sport, jeu / « Jouer de » + musique.

1. Marie-Noëlle (　　　　　　　) basket-ball.
2. Damien (　　　　　　) piano.
3. Isabelle (　　　　　　) batterie.
4. Laurent (　　　　　　) tennis.
5. Marc (　　　　　　) football.
6. Stéphane (　　　　　　) tennis de table.
7. Laurent (　　　　　　) guitare.
8. Isabelle (　　　　　　) cartes.

5 次の文章を読みなさい． Lisez le document suivant.　🎧 11

Je m'appelle Nathalie Richer. Je suis française. J'ai 19 ans. Je suis étudiante. J'aime les fleurs, les voyages et le chocolat. Je n'aime pas le bruit, les voitures et le cinéma. J'adore le sport. Le week-end, je vais souvent à la piscine. J'aime aussi faire les courses avec des amis.

▶ 自分のことも語りなさい． À vous.

6 音声を聞いて，次の文が正しいか間違っているか，該当する欄に×印をつけなさい．　🎧 12
Écoutez Hélène. Dites si les affirmations de la fiche sont vraies ou fausses.

	VRAI	FAUX
1. Hélène regarde beaucoup la télévision.	☐	☐
2. Elle aime bien le cinéma.	☐	☐
3. Elle aime le football.	☐	☐
4. Elle adore la natation.	☐	☐
5. Elle mange à l'école.	☐	☐
6. Elle déteste les fruits.	☐	☐
7. Elle adore le fromage.	☐	☐
8. Elle aime le café.	☐	☐
9. Elle adore les mathématiques.	☐	☐
10. Elle aime bien le français.	☐	☐

＊1課の練習問題1 (p.4) に録音されている文

1. Ça va ?　　　　2. Elle est jeune !　　　3. Qui est-ce ?　　　4. Au revoir !

5. Je suis français.　6. Bonsoir !　　　　7. À bientôt !　　　　8. Enchanté(e) !

＊2課の練習問題1 (p.6) に録音されている単語

1. vingt　　　　　2. banc　　　　　　3. fin　　　　　　4. pont

5. trente　　　　　6. bon　　　　　　7. dent　　　　　8. enfant

9. cousin　　　　　10. Martin

Leçon ❹ Comment est ta maison ?

Exercices

1 [œ], [ɔ], [ɛ] のどの音が含まれているかを聞き取り, 該当する欄に×印を入れなさい. 🎧 13
Écoutez et mettez une croix dans les colonnes quand vous entendez les sons [œ], [ɔ] ou [ɛ].

ex. Vous êtes seule ?

	ex.	1	2	3	4	5	6	7	8
[œ]	×								
[ɔ]									
[ɛ]	×								

＊録音されている文は17ページにあります.

2 音声を聞いて, [œ] の音に注意しながら繰り返しなさい. 🎧 14
Écoutez et répétez.

1. Elle est jeune.　　　　　　　彼女は若いです.
2. Il est ingénieur ?　　　　　　彼は技師ですか.
3. Elle sort avec sa sœur.　　　彼女は彼女の妹と出かける.
4. Je pars à neuf heures.　　　私は9時に出発します.
5. J'ai peur d'elle.　　　　　　　私は彼女が怖いです.
6. Je prends l'ascenseur.　　　私はエレベーターに乗ります.
7. Elle est professeur ?　　　　彼女は先生ですか.
8. J'ai mal au cœur.　　　　　　私は気分が悪いです.

3 補語人称代名詞を用いて答えなさい.
Répondez en utilisant un pronom complément d'objet direct ou indirect.

1. Ils écoutent leur professeur ?　　— Oui, (　　　　　　　　　　).
2. Cécile invite Isabelle ?　　　　　— Oui, (　　　　　　　　　　).
3. Isabelle connaît bien Laurent ?　— Oui, (　　　　　　　　　　).
4 Isabelle vous écrit souvent ?　　— Non, (　　　　　　　　　　).
5. Vous offrez des cadeaux aux enfants ?　— Oui, (　　　　　　　).
6. Tu me donnes un chocolat ?　　— Non, (　　　　　　　　　　).
7. Isabelle apporte le dessert ?　　— Non, (　　　　　　　　　　).
8. Cécile téléphone à Laurent ?　　— Non, (　　　　　　　　　　).

4 地図を見て，次の文章を完成させなさい．Regardez ce plan. Complétez les phrases.

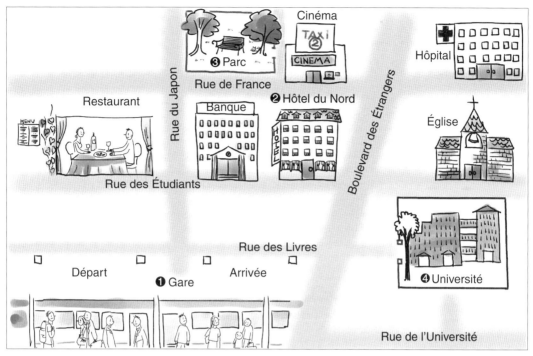

1. **Vous êtes à la gare. Vous voulez aller à l'hôtel du Nord.**
   Prenez tout droit rue du Japon jusqu'à la rue des étudiants. Tournez à (   ).
   Faites 50 mètres. L'hôtel est sur votre (   ).

2. **Vous êtes à l'hôtel du Nord.**
   Prenez à droite, rue des étudiants. Puis tournez (   ). Vous êtes dans la
   rue du Japon. Faites 300 mètres et tournez à droite la rue de France. À gauche,
   en face du parc, vous voyez un (   ).

3. **Vous êtes au parc.**
   Tournez à droite. Vous arrivez rue (   ). Prenez à gauche et vous arrivez
   boulevard (   ). Tournez à droite et au premier carrefour,
   prenez à gauche. Faites 80 mètres. À gauche, il y a une (   ) et en
   face, c'est (   ).

4. **Pour aller de l'université au parc, comment peut-on faire ?**

5 最寄りの駅からあなたの家に来るにはどうしたらよいですか．図を描いて説明しなさい．
   Comment faire pour venir chez vous de la gare la plus proche ? Expliquez le chemin suivi en dessinant
   un plan.

Exercices

1 [ʒ], [ʃ] のどちらの音が含まれているかを聞き取り，該当する欄に×印を入れなさい． 🎧 15
Écoutez et mettez une croix quand vous entendez les sons [ʒ] ou [ʃ].

ex. Viens chez moi.

	ex.	1	2	3	4	5	6	7	8	9	10
[ʒ]											
[ʃ]	×										

＊録音されている文は17ページにあります．

2 音声を聞いて，[ʃ], [ʒ] の音に注意しながら繰り返しなさい． 🎧 16
Écoutez et répétez.

1. Elles préparent un gâteau au chocolat.   彼女たちはチョコレートケーキを作ります．
2. Viens chez moi.   私の家にいらっしゃい．
3. Je choisis un dessert.   私はデザートを選びます．
4. Je prends un chocolat chaud.   私は温かいココアを飲みます．
5. Bon voyage !   よい旅行を．
6. Il joue au foot.   彼はサッカーをします．
7. Elle fait le ménage.   彼女は掃除をします．
8. On mange dans le jardin.   私たちは庭で食べます．

3 下のリスト a), b) を見て，例に従い答えなさい．
Regardez les listes d'achats et répondez aux questions suivant le modèle.

a)
> Farine
> Cerises
> Eau minérale
> Chocolat
> Riz

ex. Est-ce qu'elle achète de la farine ?
　　— Oui, elle achète de la farine.
　　Est-ce qu'elle achète du thé ?
　　— Non, elle n'achète pas de thé.

1. Est-ce qu'elle achète des œufs ?   — (   ).
2. Est-ce qu'elle achète du chocolat ?   — (   ).
3. Est-ce qu'elle achète des huîtres ?   — (   ).
4. Est-ce qu'elle achète du vin ?   — (   ).
5. Est-ce qu'elle achète des cerises ?   — (   ).

b)

| Farine (1 kg) |
| Cerises (500 g) |
| Eau minérale (3 bouteilles) |
| Chocolat (2 tablettes) |
| Riz (1 paquet) |

ex. Combien de farine achète-t-elle ?
— Elle achète un kilo de farine.

1. Combien de tablettes de chocolat achète-t-elle ?　— (　　　　　　　　　　).
2. Combien de bouteilles d'eau achète-t-elle ?　　　— (　　　　　　　　　　).
3. Combien de riz achète-t-elle ?　　　　　　　　— (　　　　　　　　　　).
4. Combien de cerises achète-t-elle ?　　　　　　— (　　　　　　　　　　).

4　イザベルがロランと昼食のためのメニューと買い物の話をしています．音声を聞いて書き取りなさい．🎧 17

Écoutez Isabelle. Elle invite ses amis à déjeuner. Elle parle avec Laurent. Ils font la liste des courses. Complétez le tableau.

	Nom	Ingrédients
Entrée	Salade composée	(　　　) saumon, (　　　) avocats, un jus de citron, (　　　) salade, (　　　) tomates
Plat principal	Poulet à l'angevine	(　　　) poulet, un pot de crème fraîche, (　　　　　　　　　) vin blanc, (　　　) champignons, (　　　) oignon
Dessert	Tarte aux pommes	(　　　) farine, (　　　) beurre, (　　　) pommes, (　　　) sucre

＊3課の練習問題1（p.8）に録音されている文

1. Je fais la vaisselle.　　　2. Je regarde la télévision.　　　3. C'est bon !
4. Il est beau.　　　　　　　5. Je vais à la piscine.　　　　　6. Il vient du Japon.
7. Elle habite à Paris.　　　　8. J'ai vingt ans.

Exercices

1 音声を聞いて，[R] の音が含まれていれば，該当する欄に×印を入れなさい． 🎧 18

Écoutez et mettez une croix quand vous entendez le son [R].

ex. C'est rond.

	ex.	1	2	3	4	5	6	7	8
[R]	×								

＊録音されている文は 21 ページにあります．

2 音声を聞いて [l] と [R] に注意しながら繰り返しなさい． 🎧 19

Écoutez et répétez.

1. Voici mon passeport.　　　　　　これが私のパスポートです．
2. Votre adresse, s'il vous plaît.　　　あなたの住所をお願いします．
3. Vous habitez rue Lauriston ?　　　あなたはローリストン通りに住んでいますか．
4. Voici mon numéro de téléphone.　　これが私の電話番号です．
5. J'apporte le dessert.　　　　　　　デザートを持ってきます．
6. Traversez la rue.　　　　　　　　　通りを渡ってください．

3 何時ですか．2とおりの言い方をしなさい． Quelle heure est-il ?

	Heure à la gare, à l'aéroport	Heure à la maison
10 H 15	Il est dix heures quinze.	Il est dix heures et quart.
12 H 00		
13 H 30		
16 H 55		
18 H 45		
22 H 10		
00 H 00		

4 イザベルが話しています．« tout, toute, tous, toutes » の中から適当なものを（　　）に入れなさい．

Isabelle va partir en vacances. Complétez avec « tout, toute, tous, toutes ».　🎧 20

Je vais emporter (　　　　) mes vêtements. Comme je pars au bord de la mer, je vais rester à la plage (　　　　) la journée, parce que je voudrais vraiment me reposer. C'est vrai, (　　　　) les soirs, je vais aller à la discothèque pour danser (　　　　) la nuit ! Pendant (　　　　) les vacances, je vais bien profiter de mon temps libre, parce qu'à mon retour, je dois ranger (　　　　) mon appartement et je dois aussi préparer (　　　　) mes cours pour l'université !

5 例に従い，動詞 devoir を用いて文を書き換えなさい．Que doit-on faire dans les situations suivantes ?

ex. Elle est fatiguée.　→　Elle doit se reposer un peu.

1. Nous avons un examen demain.　　　→　Nous (　　　　　　　　　　　).
2. Vous allez dîner chez Marie-Noëlle.　→　(　　　　　　　　　　　).
3. Tu es trop gros !　　　　　　　　　→　Tu ne (　　　　　　　　　　)!
4. Ils prennent le train à 5 heures du matin.　→　(　　　　　　　　　　).
5. Elles sont en retard.　　　　　　　　→　(　　　　　　　　　　　).

6 音声を聞いて，文に合う絵を選びなさい．🎧 21

Écoutez Hélène : elle vous raconte sa journée. Écoutez et choisissez une image.

1. (　　) 　　2. (　　) 　　3. (　　) 　　4. (　　) 　　5. (　　) 　　6. (　　)

Exercices

1 音声を聞いて，リエゾンの印を入れ，繰り返しなさい． 🎧 22
Écoutez, indiquez les liaisons et répétez.

ex. Je suis‿allé à Nice.

1. Il est anglais.

2. À tout à l'heure.

3. Ils sont étrangers.

4. Vous avez un appartement.

5. J'ai habité chez un copain.

6. Nous avons joué aux cartes.

7. J'ai invité des amis.

8. Mes amis sont venus.

2 例に従い，比較の表現を用いて文を作りなさい．
Comparez ces personnes, en utilisant les adjectifs proposés.

ex. Jean est grand. (+) → Jeanne est plus grande que Jean.

1. Jean est gentil. (+)   → Jeanne est (   ).
2. Roland est gai. (−)   → Rolande est (   ).
3. Armand est travailleur. (=) → Armande est (   ).
4. Laurent est mince. (=)   → Laurence est (   ).
5. Clément est souriant. (+)   → Clémence est (   ).

3 動詞を複合過去にし，文を書き換えなさい． Mettez les verbes au passé composé.

1. Nous mangeons du poisson.
2. Monsieur et Madame Morin font du ski.
3. Marie-Noëlle va au concert.
4. Ses amis arrivent en retard.
5. Damien revient de Nice.
6. Il aime les voyages.

4 否定文で答えなさい. Répondez négativement.

1. Est-ce qu'elle est allée en Alsace ?　　　— Non, (　　　　　　　　　　　).
2. Est-ce qu'il a joué au tennis ?　　　　　— Non, (　　　　　　　　　　　).
3. Est-ce que vous avez pris des photos ?　— Non, (　　　　　　　　　　　).
4. Est-ce qu'elles ont visité les musées ?　— Non, (　　　　　　　　　　　).
5. Est-ce qu'ils ont aimé la région parisienne ?　— Non, (　　　　　　　　).
6. Est-ce que tu as bronzé ?　　　　　　　— Non, (　　　　　　　　　　　).

5 ステファンの夏休みの話です. 動詞を複合過去に活用させなさい. 🎧23

Stéphane vous raconte ses dernières vacances. Mettez les verbes au passé composé.

Au mois d'août, nous (aller) en voyage au Pays basque. C'est dans le sud-ouest de la France, juste à la frontière avec l'Espagne. C'est une très belle région. Il y a la mer et la montagne. Le climat est très agréable : il (faire) beau et chaud presque tous les jours. Nous (visiter) des églises et des monuments, nous (faire) des promenades dans la montagne et nous (pouvoir) aller à la plage pour nous baigner.

6 ステファンの夏休みの話の続きです. 音声を聞いて書き取りなさい. 🎧24

Complétez le texte avec les éléments que vous entendez.

Bien sûr, nous avons mangé dans (　　　　　　　　　) et nous (　　　　　) de manger les spécialités de la région : là-bas, on met des piments (　　　　　). On a aussi goûté (　　　　) avec de la confiture de cerises, c'est (　　　　) ! Vous savez, les Basques sont très (　　　　) et chaleureux. (　　　　) !

＊4課の練習問題1 (p.10)に録音されている文

1. J'ai une sœur.　　　　2. Elle sort ce soir.　　　　3. Vous êtes français ?
4. Tu as peur ?　　　　　5. Il va au port.　　　　　6. Il est neuf heures.
7. Il fait frais.　　　　　8. Ouvre la porte !

＊5課の練習問題1 (p.12)に録音されている文

1. J'habite ici.　　　　　2. J'aime le beige.　　　　3. Essayez ces chaussures.
4. C'est cher !　　　　　5. Elle prend un chocolat.　　6. Elle ajoute du miel ?
7. Il achète dix œufs.　　　8. Mélangez du beurre et de la farine.
9. Il aime la crème Chantilly.　　10. Elle prend un jus d'orange.

Exercices

1   中性代名詞en, y, le を用いて答えなさい．Répondez en utilisant les pronoms en, y, le.

1. Elle habite en Inde ?   — Oui, (   ).
2. Elle prend des photos ?   — Non, (   ).
3. Vous savez qu'elle est malade ?   — Oui, (   ).
4. Il va chez ses amis ?   — Non, (   ).
5. Il achète un kilo de sucre ?   — Oui, (   ).
6. Il veut réussir ses examens ?   — Oui, (   ).
7. Elles vont aller à Lyon ?   — Non, (   ).
8. Il veut un café ?   — Oui, (   ).

2   絵を見て，例に従い文を作りなさい．Imaginez.

Que faut-il faire pour être en bonne santé ?

ex. Il faut manger des fruits et des légumes.

   Il ne faut pas manger trop de sucre.

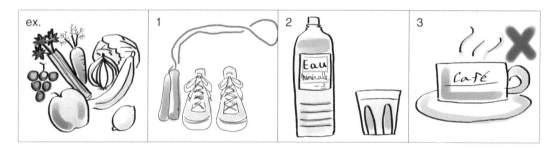

3   動詞を複合過去に活用させ，訳しなさい．

Mettez les verbes au passé composé et traduisez le texte en japonais.

Lundi dernier, Stéphane a vraiment passé une mauvaise journée.

D'abord, *le matin*, il (se réveiller) en retard. Il (se doucher) et *puis* il (partir) travailler. *Le midi*, il (déjeuner) au restaurant. *Après* le repas, il (se sentir) un peu malade. *Alors*, il (téléphoner) au médecin pour prendre un rendez-vous. *Puis*, il (continuer) à travailler et *à la fin de la journée*, il y (aller). *Après* la visite, il (passer) à la pharmacie et *enfin*, il (rentrer) chez lui, bien fatigué !

＊時間の流れを表す表現はイタリック体にしてあります．自分で文章を書くときには必要になりますから，覚えておきましょう．

4 絵を見て，マルクの1日を複合過去を用いて語りなさい．

Regardez les dessins et racontez une journée de Marc au passé composé.

5 ステファンと医者の会話です．音声を聞いて，次の文が正しいか間違っているか，該当する欄に×印をつけなさい．🎧25

Écoutez Stéphane chez le médecin. Regardez les affirmations et choisissez VRAI ou FAUX.

	VRAI	FAUX
1. Il n'arrive pas à dormir.	☐	☐
2. Il se couche tôt.	☐	☐
3. Il a souvent mal au ventre.	☐	☐
4. Le midi, il mange au restaurant.	☐	☐
5. Il ne fume pas.	☐	☐
6. Il fait du sport.	☐	☐
7. Il a souvent mal à la tête.	☐	☐
8. Il doit travailler plus.	☐	☐
9. Il mange trop.	☐	☐
10. Il ne doit pas faire de promenade à pied.	☐	☐

Exercices

1 能動態は受動態に，受動態は能動態に書き換えなさい．

Mettez ces phrases à la forme active ou passive.

1. Hier soir, une tempête a cassé beaucoup d'arbres. →
2. Cette tempête a arraché des toits de maisons. →
3. Une passante a été blessée par la chute d'une tuile. →
4. Aujourd'hui, les employés de la ville nettoient les rues. →
5. Demain, les pompiers vont réparer les dégâts. →
6. Ensuite, les jardiniers vont planter de nouveaux arbres. →

2 ジェロンディフを用いて文を作りなさい．Faites une phrase avec le gérondif.

ex. travailler / manger du chocolat → Je travaille en mangeant du chocolat.

1. Réfléchir / écouter le professeur → Nous (   ).
2. Boire un café / téléphoner → Vous (   ).
3. Prendre une douche / chanter → Tu (   ).
4. Parler / faire beaucoup de gestes → Ils (   ).
5. Descendre les escaliers / courir → Elle (   ).

3 適当な場所の前置詞を下から選んで入れなさい．

Complétez cette carte postale avec les prépositions de lieu suivantes :

« à, à la, à l', au, aux, chez, dans, en, par »

1. Nous sommes bien arrivés (   ) France.
2. Maintenant, nous sommes (   ) Salers*, (   ) Auvergne.
3. Nous ne sommes pas (   ) hôtel, mais (   ) des amis.
4. Ils habitent (   ) une petite maison avec un étage.
5. Nous sommes passés (   ) la Suisse. Puis, nous sommes venus ici.
6. Demain, nous allons partir (   ) campagne et nous allons déjeuner (   ) restaurant.
7. Nous allons rentrer (   ) Japon le week-end prochain, parce que nos amis partent en voyage (   ) États-Unis !

* Salers : ville touristique du centre de la France ▶

4 セシルがマリー・ノエルに絵はがきを書いています．これを例に，旅先からの絵はがきを書きなさい．Lisez cette carte postale et écrivez-en une à votre tour.

Mont-Saint-Michel, le 10 Octobre 2020

Chère Marie-Noëlle,

    Je suis en Normandie avec Stéphane. Il fait très beau. Aujourd'hui, nous avons visité le Mont-Saint-Michel. Nous avons déjeuné au restaurant « Chez la mère Poulard ». Les omelettes sont vraiment délicieuses ! Nous pensons à toi.

       À bientôt,

           Cécile

Mademoiselle Marie-Noëlle MORIN

3, rue des Oiseaux

49 000 ANGERS

＊6課の練習問題1（p.14）に録音されている文

1. Allô.
2. C'est Cécile.
3. Tu es riche.
4. Va tout droit.
5. Salut !
6. Tournez à gauche.
7. C'est marron.
8. À tout à l'heure !

Leçon ❿ Elle s'appelait Clémentine.

1 下記の表の左側は状況描写や習慣を表し、半過去が用いられます。右側は出来事を表し、複合過去が用いられます。動詞をそれぞれ半過去、複合過去に活用させなさい。Voici une petite histoire. À gauche, les verbes qui expriment une description ou une habitude, à droite, les verbes qui expriment une action unique ou ponctuelle. Faites des phrases à l'imparfait (à gauche), et au passé composé (à droite).

Imparfait	Passé composé
C'(être) un lundi soir. Il (pleuvoir). Caroline (avoir) froid. Elle (être) seule et triste.	
	Elle (décider) de sortir. Elle (aller) dans le centre ville. Elle (entrer) dans un café. Elle (commander) un chocolat chaud. Elle (apercevoir) une jeune fille dans la rue.
Elle (marcher) lentement. Caroline la (connaître).	
	Elle (sortir) du café. Elles (parler) un peu.
C'(être) Claire, une amie d'enfance ! Caroline ne (se sentir) plus triste.	
	Elles (se retrouver) et (discuter) toute la nuit !

2 動詞を半過去か複合過去に活用させ，訳しなさい． 🎧 26

Mettez les verbes à l'imparfait ou au passé composé et traduisez en japonais.

Le collier

Quand j'(être) jeune, j'(habiter) à Paris. Une amie de ma mère (être) femme au foyer. Son mari (travailler) dans un bureau. Un jour, pour aller à une grande cérémonie, elle (demander) un collier de diamants à sa voisine. Le soir de la fête, elle (être) très belle. Tout le monde (regarder) cette belle femme et ce beau collier. Mais, pendant qu'elle (danser), le collier (tomber). Après la fête, elle (rentrer) chez elle. Dans son miroir, elle (voir) que le collier n'(être) plus là ! Alors, elle (chercher) partout, mais rien ! Elle (être) désespérée. Le lendemain, elle (emprunter) beaucoup d'argent à la banque pour acheter un collier identique à sa voisine. Et toute leur vie, elle et son mari (travailler) très dur pour le rembourser. Vingt ans plus tard, elle (raconter) sa terrible histoire à sa voisine. La voisine (être) désolée : le collier de diamants de la fête (être) faux !

D'après **La parure**, de Guy de Maupassant.

3 （　　）に入るのは時の表現です．音声を聞いて書き取りなさい． 🎧 27

Écoutez le texte suivant et complétez les trous avec des expressions de temps.

Isabelle est professeur à l'université d'Angers (　　　　　　　　) un an. Elle travaille beaucoup, environ vingt-cinq heures (　　　　　　　　　). Elle n'est jamais absente, elle arrive (　　　　　　　) à l'heure et reste (　　　　　) assez tard le soir pour aider les étudiants.

Bien sûr, elle se sent (　　　　　　　) fatiguée, mais elle se repose beaucoup (　　　　　　　) les vacances. L'année (　　　　　　　　), par exemple, (　　　　　　　), elle est allée en Hongrie. L'année (　　　　　　), au printemps, elle voudrait aller au Canada. Elle est restée un an en Angleterre (　　　　　　) deux ans.

4 音声を聞いて書き取りなさい． 🎧 28

Complétez ce petit texte avec les éléments que vous entendez.

Mon frère habite à Paris. Il a quitté Angers (　　　　　　　　), parce qu'il a trouvé un poste d'ingénieur là-bas. Il est revenu à Angers (　　　　　　　　　). Il est à la maison (　　　　　　　　　) et il va rester encore pendant une semaine (　　　　　　　). Il aime beaucoup Angers et il n'était pas revenu ici (　　　　　　　　　) ! (　　　　　　　), c'était (　　　　　　　) ! Mais il me téléphone (　　　　　　　), le mercredi et le (　　　　　　) . Vous savez, (　　　　　　), il espère revenir travailler ici, mais ce n'est pas sûr !

Exercices

1 単純未来を用いて文を書き換えなさい. Mettez les phrases suivantes au futur simple.

   1. Hier, ils ont acheté un disque.

    →   Samedi prochain aussi, ils (   ).

   2. L'année dernière, vous êtes venus chez nous.

    →   L'année prochaine aussi, vous (   ).

   3. Hier, j'ai pu me reposer.

    →   Demain aussi, (   ).

   4. L'été dernier, le professeur est allé en France.

    →   L'été prochain aussi, il (   ).

2 絵を見て，彼女が昨日したこと，今日すること，明日することを書きなさい. 🎧 29

    Regardez les images suivantes. Écrivez ce qu'elle a fait hier, ce qu'elle fait aujourd'hui et ce qu'elle va faire demain.

Hier

1. Hier, elle...

2. Hier, elle...

Aujourd'hui

3. Aujourd'hui, elle...

4. Aujourd'hui, elle...

Demain

5. Demain, elle...

6. Demain, elle...

3 亜矢子はフランス人の家庭にホームステイすることになりました．次の情報を使って，ホームステイ先に手紙を書きなさい．

Ayako va partir en vacances dans une famille française. Imaginez la lettre qu'elle écrit à cette famille. Utilisez les éléments proposés.

Étudiante en français à l'université.
Premier voyage en France.
Très contente d'habiter dans une famille française.
Souhaite visiter Paris et beaucoup pratiquer le français avec la famille.
Départ de Tokyo le 8 avril à 9 heures 10.
Arrivée à Paris à 14 heures 30.
Attendre la famille dans le hall de l'aéroport.

Tokyo, le 20 mars 20...

Chers amis français,

Je m'appelle Ayako et...

J'attends avec impatience de vous rencontrer.

À bientôt,

Ayako

Exercices

1 動詞を接続法現在に活用させなさい．Mettez les verbes suivants au subjonctif présent.

1. Il faut que nous (avoir) une place dans l'avion.
2. Je voudrais que vous (faire) une réservation à l'hôtel.
3. Elle part avant qu'il (pleuvoir).
4. Nous sommes contents que tu ne (être) plus malade.
5. Il vaut mieux qu'elles (prendre) le bateau.
6. Il est impossible que je (finir) ce travail ce soir.

2 セシルとステファンは旅行に出かけます．以下は留守中家を見てくれる隣人への指示です．動詞を
接続法現在に活用させなさい（1.〜3.）．また，絵を見て，その他の指示の文も考えなさい（4.〜6.）．
Cécile et Stéphane vont partir en vacances. Ils laissent des consignes à leur voisine qui s'occupe de leur
maison. Complétez les phrases, puis regardez les dessins et écrivez trois autres consignes.

1. Il est important que vous (fermer) bien la porte.
2. Il vaut mieux que vous (faire) attention aux voleurs.
3. Nous aimerions que vous nous (téléphoner) une fois par semaine.
4. Il est nécessaire que (   ).
5. Il faut que (   ).
6. Nous souhaitons que (   ).

3 セシルが子供の頃の思い出を語っています．音声を聞いて，正しい答えを選び，該当する欄に×印をつけなさい． ∩ 30

Écoutez Cécile. Elle vous raconte ses souvenirs d'enfance. Choisissez la bonne réponse.

1. Ses parents habitaient à Nantes

☐ dans le centre ☐ en banlieue ☐ loin du centre

2. Sa mère

☐ ne travaillait pas ☐ travaillait ☐ était au chômage

3. Elle a commencé à aller à l'école

☐ à un an ☐ à deux ans ☐ à trois ans

4. Elle détestait

☐ l'anglais ☐ le français ☐ les mathématiques

5. Son ami s'appelait

☐ Sibille ☐ Cyrille ☐ Sylvain

6. Ils jouaient

☐ au football ☐ au basket ☐ aux billes

7. Elle est allée à Paris

☐ une fois ☐ jamais ☐ parfois

8. En été, elle allait

☐ à la montagne ☐ à la mer ☐ à l'étranger

9. Elle est allée une fois

☐ en Roumanie ☐ en Italie ☐ en Hongrie

Evaluation 実力テスト

« メールを書く » Écrire un mail

1 イザベルがセシルにメールを書いています．下の空欄に，ふさわしい単語を下から選んで入れなさ
い． Isabelle écrit un mail à Cécile. Complétez le texte en choisissant l'élément correct parmi ceux
proposés.

Ma chère Cécile,

Je suis arrivée en Suède (1   ) à huit heures.
C'est (2   ) et il y a beaucoup de neige. Il fait vraiment très
(3   ) et on doit mettre des (4   ) pour sortir. Mais
il fait très beau : il y a un (5   ) magnifique ! Les gens sont très
(6   ) ici, ils m'aident toujours quand je suis perdue ! Ici, tout le
monde fait (7   ), bien sûr et moi aussi je vais y aller demain : la
(8   ) n'est pas loin !
Tu vois, (9   ) se passent très bien ! La (10   )
est délicieuse et une des spécialités du pays, c'est le poisson. Alors, j'en profite !
À très bientôt,
Bises,
Isabelle

---

1. demain matin — cet après midi — hier matin
2. l'été — le printemps — l'hiver
3. chaud — doux — froid
4. vêtements légers — vêtements chauds — maillots de bain
5. soleil — orage — pluie
6. désagréables — sympathiques — bronzés
7. de la natation — du ski — du karaté
8. montagne — mer — campagne
9. le travail — les vacances — le temps
10. recette — vaisselle — cuisine

2 友達が週末，遊びに来るようにあなたを誘ってくれています．あなたの返事を書きましょう．受け
入れても，断っても自由です．
Un(e) ami(e) vous invite pour un week-end. Écrivez votre réponse. Vous acceptez ou refusez.

1　ロランとイザベルの会話です．音声を聞いて，正しい答を選びなさい．🎧31
Écoutez le dialogue et choisissez la bonne réponse.

1. À quoi va jouer Laurent ?

　　☐ au tennis　　　　☐ au loto　　　　☐ aux dominos

2. Ce soir, il y a un tirage spécial pour quelle fête ?

　　☐ Saint Valentin　　☐ Fête des mères　　☐ Fête des pères

3. Combien peut-on gagner ?

　　☐ 5 000 euros　　☐ 200 000 euros　　☐ 10 000 000 euros

4. Qu'est-ce que Laurent aimerait faire avec cet argent ?

　　☐ acheter une maison　☐ partir en Amérique　☐ arrêter ses études

5. Combien donnerait-il à Isabelle ?

　　☐ 100 000 euros　　☐ 1 000 000 euros　　☐ 10 000 euros

6. Qu'est-ce qu'Isabelle aimerait faire avec cet argent ?

　　☐ partir en vacances　☐ acheter un bateau　☐ acheter une voiture

挿絵・装丁：杉 浦 昌 子
写真：著　者

★本書の音声ダウンロード

収　録　🎧印のある箇所．数字はトラック番号
に対応しています．音声データは下記
URL より日本語書名で検索し，指示に
従いダウンロードの上ご利用下さい．
www.daisan-shobo.co.jp
同じ内容の音声を収録した CD（本体
500 円）も販売しております．
＊ご採用の先生方には教室用 CD（非
売品）を用意いたしました．
吹込者　Janick Magne / Philippe Jordy

著者紹介

阿南　婦美代（あなん　ふみよ）
　　長崎外国語大学名誉教授

セシル・モラン（Cécile MORIN）
　　西フランス・カトリック大学フランス語教育国際センター（C.I.D.E.F.）講師

《四訂版》

パショネマン1
別冊練習帳

2021 年 3 月 10 日　初版印刷
2021 年 3 月 15 日　初版発行

著　者　阿　南　婦　美　代
　　　　セ　シ　ル　・　モ　ラ　ン
発行者　藤　井　嘉　明
印刷所　幸和印刷株式会社

発行所　有限会社　第三書房
〒162-0801　東京都新宿区山吹町 363
TEL.(03)3267-8531(代)　振替 00100-9-133990

落丁・乱丁本はお取り替えいたします.　　　　　Printed in Japan

Le français

Passionnément 1

Quatrième édition

Fumiyo ANAN   Cécile MORIN

Cahier d'activités inclus

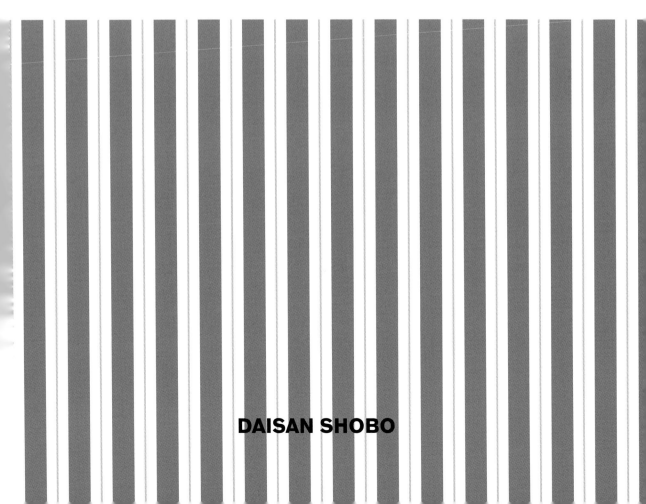

DAISAN SHOBO

挿絵・装丁：杉 浦 昌 子
発音図・地図(p.63)：飯 箸　薫
写真：フランス政府観光局
著　者

★本書の音声ダウンロード

収　録　🎧印のある箇所．数字はトラック番号
に対応しています．音声データは下記
URL より日本語書名で検索し，指示に
従いダウンロードの上ご利用下さい．
www.daisan-shobo.co.jp
同じ内容の音声を収録した CD（本体
500 円）も販売しております．
＊ご採用の先生方には教室用 CD（非
売品）を用意いたしました．
吹込者　Janick Magne / Michèle Mizubayashi
Claire Renoul / Pierre-Gilles Delorme
Philippe Jordy

ま え が き

　この教科書はフランス語を初めて学ぶ人を対象としています．フランス語の初級文法を理解しながら，それを用いて，自分のことについて話したり，日常的な会話が理解できるようになることを目指しています．

　このようなコミュニケーションの能力をつけていくことを目標にした教科書を作成するにあたり，日本でも1991年から実施されているフランス国民教育省認定の資格試験，DELFのA1レベルを到達目標として設定しました．A1レベルで求められている文法事項と表現・語彙を中心に学習することとし，そのための練習問題も用意しました．

　具体的には日常的な挨拶ができ，自己紹介をしたり，自分の身近な人について話したり，日常的な買い物ができ，金額も理解できること，日常生活に関する場面での短い簡単なテキストの録音を聞いて理解できる，簡単な文を読み理解できる，カードや申込書に自分自身について記入でき，簡単な葉書やメッセージが書けるようになることなどです．

　このようなフランス語の基本的な運用能力をつけるためには，練習問題をたくさんすることが必要ですが，大学での授業時間は限られているため，教科書の各課の練習問題は文法事項の理解を助ける基本的なものに限りましたが，絵を用いた問題を一問は入れるようにしました．DELF A1レベルの問題に慣れるために，6課と12課の後に練習問題を加えましたので，時間のある場合にはご利用いただければと思います．

　また，フランス語の時間数の多い場合や2年次でこの教科書を使われる場合なども考え，別冊の練習問題帳を用意していましたが，三訂版では教科書にその問題集Cahier d'activitésをつけました．授業で，あるいは宿題用に，または夏休みの練習帳として活用いただければ幸いです．

　最後に，この教科書作成にあたり，協力してくださった多くの方々，とりわけ，Cécile Morin先生はじめ，写真撮影に協力してくださったフランスAngersのフランス語教育国際センター(C.I.D.E.F.)の先生方に心よりお礼申し上げます．

阿南　婦美代

＊このたび四訂版を出すことになりました．今回の改訂に際しては，特に情報の更新を行い，それに伴い，ディアローグ，練習問題の修正，また吹き込み直し等も行いました．

Leçon 0

1 フランス語のアルファベ Alphabet 🎧 02

A a	B b	C c	D d	E e	F f	G g
[ɑ]	[be]	[se]	[de]	[ə]	[εf]	[ʒe]

H h	I i	J j	K k	L l	M m	N n
[aʃ]	[i]	[ʒi]	[kɑ]	[εl]	[εm]	[εn]

O o	P p	Q q	R r	S s	T t	U u
[o]	[pe]	[ky]	[εR]	[εs]	[te]	[y]

V v	W w	X x	Y y	Z z
[ve]	[dubləve]	[iks]	[igRεk]	[zed]

音声を注意して何度でも聞いてください. どんな感じがしますか. 緊張感のある音ですね.
そんな感じをつかんでから, 音声の後について, 繰り返してみましょう. 英語との違いはどこか
も考えてみてください.

よく使われる略号です. 発音してみましょう.

1 U.E.	2 B.D.	3 T.G.V.	4 P.C.V.
5 P.T.T.	6 R.E.R.	7 S.N.C.F.	8 T.V.A.

自分の名前をローマ字で書いてから, アルファベで言ってください.

筆記体

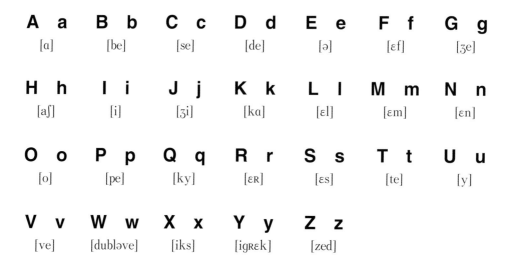

6

2 フランス語のリズムを感じる練習 Rythme et intonation 🎧 03

下の写真を見ながら，フランス語を聞いて繰り返しましょう．

1　　　　　　　　　　2　　　　　　　　　　3

4　　　　　　　　　　5　　　　　　　　　　6

1　Enchanté(e) !　　はじめまして．
2　Bonjour !　　　　こんにちは．
　　Salut !　　　　　やぁ．
3　Ça va ?　　　　　元気ですか．
　　Très bien.　　　とてもいいです．
4　Au revoir !　　さようなら．
5　Allô !　　　　　もしもし．
6　Attention !　　気をつけて．

上の表現を聞き取れたとおりに，リズムに注意して繰り返しましょう．写真から状況をイメージ
して，音で覚えてしまいましょう．

発音するときは，次の点に注意しましょう．

● 唇のまわりの筋肉を緊張させ，母音をはっきり発音しましょう．
● 文の始まりよりも，最後の母音を少し長めに発音しましょう．

3 音節 Syllabes 🎧04

日本語は音節の言語といわれていますが，"ん"を除いて音節がすべて母音で終わるのが特徴です．フランス語には子音で終わる音節もあります．音節の数え方は発音された母音が1つあれば，1音節と数えます．

bonjour [bɔ̃-ʒuʀ] は2音節，salut [sa-ly] は2音節，enchanté [ɑ̃-ʃɑ̃-te] は3音節です．

フランス人の名前を音節の数を数えながら，繰り返しましょう．

Marc	1音節	Damien	2音節
Cécile	2音節	Isabelle	3音節
Hélène	2音節	Sébastien	3音節
Stéphane	2音節	Dominique	3音節
Laurent	2音節	Marie-Noëlle	4音節

4 まず覚えたい綴り字と発音の規則 🎧05

1）読まれない文字があります．

語末の **e**：madam**e**，Cécil**e**   語末の子音字：Salu**t**，Lauren**t**
子音字 **h**：**H**élène

2）次の単母音字の読み方はローマ字のように読みます．

i, î, y [i]   **i**c**i**, **î**le, st**y**le
a, à, â [a] [ɑ]   **a**m**i**, l**à**, **â**ne
o, ô   [o] [ɔ]   m**o**t, all**ô**, p**o**mme
u, û   [y]   s**u**r, s**û**r

3）次の複母音字の読み方は覚えましょう．

ai, ei [e] [ɛ]   j'**ai**, m**ai**, S**ei**ne
au, eau [o] [ɔ]   **au**ssi, b**eau**, P**au**l
ou   [u]   j**ou**r, v**ou**s
eu, œu [ø] [œ]   d**eu**x, n**eu**f, s**œu**r
oi   [wa]   tr**oi**s, s**oi**r

5 エリズィオン，アンシェヌマン，リエゾン 🎧06

1）エリズィオン Élision

le, la, je, ce, me, te, se, que, de, ne, si（il, ilsの前でのみ）などの語は，次に母音または無音のhで始まる語が来ると，母音字 e, a, i が省略され，'をつけますが，これをエリズィオン（母音字省略）といいます．

ce est → c'est

2) アンシェヌマン　Enchaînement

語末の発音される子音を，次の語頭の母音と結びつけて発音することをアンシェヌマンといいます．

Il a [i-la]　　　　　une école [y-ne-kɔl]

3) リエゾン　Liaison

単独では発音されない語末の子音字が，次に来る語の語頭の母音といっしょに発音されることをリエゾンといいます．リエゾンは必ずする場合，してはいけない場合，してもしなくてもよい場合とあります．まず，必ずリエゾンをする場合に慣れるようにしてください．

ils ont（人称代名詞＋動詞）　　　　des amis（限定辞＋名詞）
sans elle（前置詞＋名詞・代名詞）　　de temps en temps（成句）

リエゾンをしないのは次の場合です．

Jean / est（主語名詞＋動詞）　　　　et / un（接続詞etの後）
un / héros（有音のhの前）　　　　　goût / amer（単数名詞＋形容詞）

6　フランス語の綴り字記号　Signes orthographiques

フランス語の綴り字記号には英語にない記号もあります．理由があってついているものですから，つけ忘れないように注意しましょう．

1) accent :

accent aigu	é	café
accent grave	è, à, ù	mère, à, où
accent circonflexe	ê, î, â, ô, û	hôtel, île, âne, hôpital, sûr

2) cédille　　　　ç　　　　leçon

3) tréma　　　　ë, ï, ü　　　　Noël, aïe, Saül

4) apostrophe　　　，　　　　C'est ça.

5) trait d'union　　　-　　　　rendez-vous

7　数詞　Les nombres 1-10　🎧07

音声を聞いて覚えましょう．

1 un	2 deux	3 trois	4 quatre	5 cinq
6 six	7 sept	8 huit	9 neuf	10 dix

Qui est-ce ? 🎧 08

À l'université.

Damien :   Bonjour,
                  je m'appelle Damien.
                  Et toi ?
Marie-Noëlle :   Marie-Noëlle.
                  Je suis étudiante.
Damien :   Moi aussi, je suis étudiant.

Isabelle :   Bonjour, Marie-Noëlle, ça va ?
Marie-Noëlle :   Très bien, merci.

Damien :   Qui est-ce ?
Marie-Noëlle :   C'est Isabelle.
                  Elle est professeur de français.
Damien :   Dis donc, elle est jeune !
Marie-Noëlle :   Oui, elle a vingt-cinq ans.

Prononciation   🎧 09

唇の緊張感に注意して，下の3つの音の練習をしましょう。

i   [i]   qu**i**,   auss**i**,   merc**i**,   s**i**x,   d**i**x
ou   [u]   bonj**ou**r,   v**ou**s
u   [y]   ét**u**diant

Expressions

Comment allez-vous ?	ご機嫌いかがですか.
Je m'appelle Isabelle.	私はイザベルといいます.
Merci beaucoup.	どうもありがとうございます.
À bientôt !	また近いうちに.
À demain !	また明日.
Bonne journée !	よい1日を.
Bonne soirée !	よい夕べを.
Bon week-end !	よい週末を.

Vocabulaire

職業 Les professions

étudiant(e) 学生	enseignant(e) 教員	salarié(e) サラリーマン
lycéen(ne) 高校生	collégien(ne) 中学生	pharmacien(ne) 薬剤師
musicien(ne) 音楽家	informaticien(ne) 情報処理技術者	
écolier(ère) 小学生	pâtissier(ère) ケーキ屋	infirmier(ère) 看護師
chanteur(euse) 歌手	vendeur(euse) 店員	serveur(euse) ボーイ（ウエイトレス）
médecin 医師	professeur 教師, 教授	peintre 画家

Tu es étudiant ?　— Oui, je suis étudiant.
　　　　　　　　　　— Non, je suis lycéen.

国籍 Les nationalités の形容詞

anglais(e) イギリスの	allemand(e) ドイツの	autrichien(ne) オーストリアの
belge ベルギーの	chinois(e) 中国の	coréen(ne) 韓国の
danois(e) デンマークの	espagnol(e) スペインの	français(e) フランスの
grec(que) ギリシャの	hollandais(e) オランダの	italien(ne) イタリアの
japonais(e) 日本の	mexicain(e) メキシコの	norvégien(ne) ノルウェーの
portugais(e) ポルトガルの	russe ロシアの	suédois(e) スウェーデンの
suisse スイスの	thaïlandais(e) タイの	

Isabelle est française ?　— Oui, elle est française.

数詞 Les nombres 11-29　∩ 11

11	onze	12	douze	13	treize	14	quatorze	15	quinze
16	seize	17	dix-sept	18	dix-huit	19	dix-neuf	20	vingt
21	vingt et un	22	vingt-deux	23	vingt-trois	29	vingt-neuf		

Grammaire

1 主語人称代名詞と不規則動詞 être と avoir の直説法現在の活用 🎧12

Présent de l'indicatif des verbes être / avoir

	être ～である				**avoir** 持つ	
je	**suis**	nous	**sommes**	j'	**ai**	nous	**avons**
tu	**es**	vous	**êtes**	tu	**as**	vous	**avez**
il	**est**	ils	**sont**	il	**a**	ils	**ont**
elle	**est**	elles	**sont**	elle	**a**	elles	**ont**

Je *suis* japonais(e).　　　　　　　　　J'*ai* 18 ans.

2 名詞と形容詞の性 genre と数 nombre

名詞には女性 féminin 名詞と男性 masculin 名詞がある.
男性名詞に e をつけて女性形を作る名詞もある.

ami — ami*e*

eur で終わる名詞は euse, er で終わる名詞は ère, en は enne になるので注意.

vend*eur* — vend*euse*　　　　pâtiss*ier* — pâtiss*ière*　　　　music*ien* — music*ienne*

複数形 pluriel は一般に単数形 singulier の語末に s を加える. s で終わる単語にはさらに s はつけなくてよい.

男性名詞	père — père**s**	frère — frère**s**	fil**s** — fil**s**
女性名詞	mère — mère**s**	sœur — sœur**s**	fille — fille**s**

au で終わる名詞の複数形は x がついて aux, al で終わる名詞も aux となる.

mante*au* — mante*aux*　　　　journ*al* — journ*aux*

形容詞はかかる名詞と性・数の一致をする. 女性形は原則として男性形に e を加える.
複数形は名詞の複数形と同じく, 原則として単数形＋s, au → aux, al → aux になる.

単数	grand — grand**e**	françai**s** — françai**se**	normal — norm**ale**
複数	grand**s** — grand**es**	françai**s** — françai**ses**	norm**aux** — norm**ales**

3 疑問文 La phrase interrogative 🎧13

1) イントネーション： Elle est professeur ?
2) Est-ce que (qu')： *Est-ce qu'*elle est professeur ?
3) 倒置： *Est-elle* professeur ?
　　　　　　　 A-t-il 18 ans ?

Exercices

1 動詞être を活用させて（　　）に入れなさい. Complétez les phrases avec le verbe « être ». 🎧 14

1. Isabelle (　　　　) professeur ?　　　　— Oui, elle (　　　　) professeur.
2. Damien et Marie-Noëlle (　　　　) étudiants ? — Oui, ils (　　　　) étudiants.
3. Damien (　　　　) jeune ?　　　　— Oui, il (　　　　) jeune.
4. Vous (　　　　) français ?　　　　— Non, nous (　　　　) japonais.
5. Tu (　　　　) japonaise ?　　　　— Oui, je (　　　　) japonaise.

2 動詞avoir を活用させて（　　）に入れなさい. Complétez avec le verbe « avoir ».

1. Tu (　　　) un frère ?　　— Oui, j'(　　　) un frère.
2. Il (　　　) une sœur ?　　— Oui, il (　　　) une sœur.
3. Vous (　　　) des enfants ?　— Oui, nous (　　　) des enfants.
4. Ils (　　　) des cousins ?　— Oui, ils (　　　) des cousins.

3 写真を見て, 例に従い答えなさい. Répondez selon l'exemple.

Qui est-ce ?

| ex. | 1 | 2 | 3 |

Isabelle, 25 ans　　Marc, 5 ans　　Hélène, 9 ans　　Damien, 21 ans
professeur　　　　français　　　　écolière　　　　étudiant

ex. Qui est-ce ?　— C'est Isabelle. Elle a 25 ans. Elle est professeur.

1. Qui est-ce ?　—
2. Qui est-ce ?　—
3. Qui est-ce ?　—

4 数字を聞き取り, （　　）に数字で書きなさい. Écrivez les nombres que vous entendez. 🎧 15

1. Hélène, tu as (　　　　) ans ?
2. Il a (　　　) frères.
3. Ils ont (　　　) enfants.
4. Marie-Noëlle a (　　　) ans.
5. J'ai (　　　) ans.
6. Stéphane et Cécile ont (　　　　) ans.

Leçon 2

Qu'est-ce que c'est ? 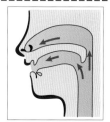 🎧 16

Dans un café.

Stéphane :	Nous sommes cinq.
La serveuse :	Il y a une table libre là-bas.
Marie-Noëlle :	Stéphane, un café ?
Stéphane :	Non merci, je n'aime pas le café.
Marie-Noëlle :	Une bière, alors ?
Stéphane :	Oui, et un croque-monsieur.
Marc :	Qu'est-ce que c'est ?
La serveuse :	C'est un sandwich, mais chaud !
Hélène :	Un chocolat froid.
Marc :	Un coca, s'il vous plaît.
Cécile :	Une limonade. J'adore la limonade.
Marie-Noëlle :	Un jus d'orange.
La serveuse :	D'accord. Donc, une bière, un croque-monsieur, un chocolat froid, un coca, une limonade et un jus d'orange.
Cécile :	Merci !

Prononciation 🎧 17

口と同時に鼻からも息が抜ける鼻母音の練習をしましょう。

in, ein, ain	[ɛ̃]	c**in**q,	p**ein**ture,	p**ain**
an, am, en	[ɑ̃]	or**an**ge,	ch**am**pagne,	**en**fant
on, om	[ɔ̃]	n**on**,	n**om**bre	

好みを言う Parler des goûts 🎧 18

J'aime la bière.	私はビールが好きです.
J'aime beaucoup le café.	私はコーヒーがとても好きです.
J'adore les fleurs.	私は花が大好きです.
J'aime la peinture.	私は絵が好きです.
Je préfère le thé.	私は紅茶の方が好きです.
Je préfère les chiens.	私は犬の方が好きです.
Je n'aime pas les chiens.	私は犬が好きではありません.
Je déteste le fromage.	私はチーズが大嫌いです.

Vocabulaire

飲み物 Les boissons

le café コーヒー	le cidre シードル	le vin ワイン	la limonade レモンソーダ
le lait 牛乳	le thé 紅茶	le coca コーラ	le champagne シャンパン
le jus de fruit フルーツジュース		l'eau minérale (f.) ミネラルウォーター	

趣味 Les loisirs

la musique 音楽	la lecture 読書	la peinture 絵画	le cinéma 映画
le sport スポーツ	la natation 水泳	la ville 町	la campagne 田舎
la nature 自然	les vacances 休暇	la mer 海	la montagne 山

数詞 Les nombres 30-60 🎧 19

30	trente	31	trente et un	32	trente-deux	33	trente-trois
40	quarante	41	quarante et un	42	quarante-deux	44	quarante-quatre
50	cinquante	51	cinquante et un	52	cinquante-deux	55	cinquante-cinq
60	soixante						

1　第1群規則動詞（-er動詞）の直説法現在の活用 Présent de l'indicatif des verbes en « -er »　🎧20

parler 話す		**aimer** 好む		**préférer** 〜の方を好む	
je	parl**e**	j'	aim**e**	je	préfèr**e**
tu	parl**es**	tu	aim**es**	tu	préfèr**es**
il	parl**e**	il	aim**e**	il	préfèr**e**
elle	parl**e**	elle	aim**e**	elle	préfèr**e**
nous	parl**ons**	nous	aim**ons**	nous	préfér**ons**
vous	parl**ez**	vous	aim**ez**	vous	préfér**ez**
ils	parl**ent**	ils	aim**ent**	ils	préfèr**ent**
elles	parl**ent**	elles	aim**ent**	elles	préfèr**ent**

Je *parle* anglais.　　　J'*aime* le thé.　　　Je *préfère* le café.

＊好みを言うための動詞：
　 adorer　大好きである　　　　détester　大嫌いである
＊母音と無音のhで始まる動詞はエリズィオン（母音字省略）に注意.
　 j'arrive　　　j'habite　　　j'écoute　　　j'étudie

2　否定文 La phrase négative

動詞を **ne (n')**＊**... pas** で囲む.

Je *ne* parle *pas* chinois.　　Je *n'*aime *pas* le café.　　Je *n'*habite *pas* à Paris.

＊母音と無音のhで始まる動詞の前では n' となる.

3　不定冠詞 Les articles indéfinis **と定冠詞** Les articles définis

不定冠詞は特定されない数えられる名詞につき，男性単数，女性単数，複数を表す.
定冠詞は特定の物，限定された名詞，または総称の名詞の前につく.

	男性単数	女性単数	男性・女性複数
不定冠詞	**un**	**une**	**des**
定 冠 詞	**le (l')**＊	**la (l')**＊	**les**

＊母音と無音のhで始まる名詞の前では l' となる.
＊直接目的の前についた不定冠詞は否定文では de になる.
　 Je n'ai pas *de* frère.

C'est *une* photo.
C'est *la* photo de Jean.
Stéphane est *le* mari de Cécile.
Les Français aiment *le* fromage.

＊aimer, adorer など好みを言う動詞の目的語には定冠詞がつく.

Exercices

1 14頁の会話を読んで質問に答えなさい．Répondez aux questions sur le dialogue de la page 14. 🎧21

　　1. Stéphane aime le café ?　　　　　　　　　— Non, il (　　　　　　　　　　).
　　2. Stéphane commande une bière ?　　　　　— Oui, il (　　　　　　　　　　).
　　3. Marc aime bien le coca ?　　　　　　　　— Oui, (　　　　　　　　　　).
　　4. Cécile commande un coca ?　　　　　　　— (　　　　　　　　　　).
　　5. Marie-Noëlle commande un jus de pomme ?　— (　　　　　　　　　　).

2 動詞を直説法現在に活用させなさい．Conjuguez les verbes au présent.

　　1. Laurent (habiter) à Angers.
　　2. Stéphane (travailler) dans un bureau.
　　3. Marie-Noëlle et Damien (étudier) l'anglais.
　　4. Vous (aimer) la bière ?
　　5. Nous (parler) français.
　　6. Tu (regarder) la télévision ?

3 絵を見て，例に従い答えなさい．Répondez selon l'exemple.

Qu'est-ce que c'est ?

ex. Qu'est-ce que c'est ? — C'est un sac. C'est le sac d'Isabelle.

　　1. Qu'est-ce que c'est ? — C'est (　　　　) voiture. C'est (　　　　) voiture de Damien.
　　2. Qu'est-ce que c'est ? — C'est (　　　　) vélo. C'est (　　　　) vélo d'Hélène.
　　3. Qu'est-ce que c'est ? — C'est (　　　　) montre. C'est (　　　　) montre de Cécile.

4 数字を聞き取り，（　　）に数字で書きなさい．Écrivez les nombres que vous entendez. 🎧22

　　1. Ça coûte (　　　　) euros.
　　2. Un jus d'orange coûte (　　　　) euros (　　　　).
　　3. Un coca coûte (　　　　) euro (　　　　).
　　4. Nous sommes le (　　　　) mai.
　　5. La maman de Sylvie a (　　　　) ans.
　　6. La sœur de Stéphane a (　　　　) ans.

Où vas-tu ? 🎧 23

Dans une rue, un vendredi après-midi.

Marie-Noëlle : Salut, Damien. Où vas-tu ?

Damien : Je viens de l'université et, ce soir, je vais au sport. Enfin, c'est le week-end !

Marie-Noëlle : Ah ! Qu'est-ce que tu fais comme sport ?

Damien : Je joue au tennis avec des amis. Tu ne viens pas avec moi ?

Marie-Noëlle : Oh non, pas ce soir ! Je suis un peu fatiguée. Je préfère rester à la maison.

Damien : Tu regardes la télévision avec ta famille le soir ?

Marie-Noëlle : Non, j'écoute mes disques ou je vais sur internet.

Damien : Dis, tu viens avec moi au cinéma demain soir ?

Marie-Noëlle : Qu'est-ce qu'il y a comme film ?

Damien : « Voyage à Paris ». C'est un film amusant.

Marie-Noëlle : D'accord. À demain !

Prononciation 🎧 24

[v] [f] の発音に注意しましょう.

télévision, voyage

enfin, fatigué, préfère, film

viens / bien, vin / bain, vent / banc

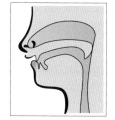

Expressions

日常生活について語る Qu'est-ce que vous faites ? 🎧 25

Je téléphone à des amis.	私は友達に電話する.
J'écoute la radio.	私はラジオを聞く.
Je regarde la télévision.	私はテレビを見る.
Je déjeune (dîne) au restaurant.	私はレストランで昼(夕)食をとる.
Je fais des courses (＝des achats).	私は買い物をする.
Je fais le ménage (le jardin).	私は掃除(庭仕事)をする.
Je fais la vaisselle (la cuisine).	私は皿洗い(料理)をする.
Je vais à la piscine (à la patinoire).	私はプール(スケート)に行く.
Je joue du piano.	私はピアノを弾く.
Je joue au football.	私はサッカーをする.

Vocabulaire

日常使う物 Les objets quotidiens

une carte d'étudiant	学生証	un cahier	ノート	un crayon	鉛筆
un stylo-bille	ボールペン	une gomme	消しゴム	un dictionnaire	辞書
un magazine	雑誌	une enveloppe	封筒	une clef	かぎ
une montre	腕時計	un mouchoir	ハンカチ	un smartphone	スマートフォン
une tablette	タブレット	un bureau	机	un tableau	絵
un canapé	ソファー	un aspirateur	掃除機	une lampe	電灯, ランプ

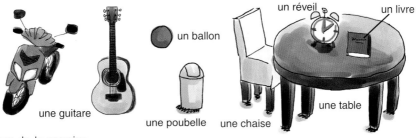

un réveil un livre
un ballon
une moto une guitare
une poubelle une chaise
une table

曜日 Les jours de la semaine

lundi	月曜日	mardi	火曜日	mercredi	水曜日	jeudi	木曜日
vendredi	金曜日	samedi	土曜日	dimanche	日曜日		

数詞 Les nombres 60-80 🎧 26

60	soixante	61	soixante et un	63	soixante-trois
70	soixante-dix	71	soixante et onze	72	soixante-douze
73	soixante-treize	74	soixante-quatorze	75	soixante-quinze
76	soixante-seize	77	soixante-dix-sept	78	soixante-dix-huit
79	soixante-dix-neuf	80	quatre-vingts		

1　不規則動詞 faire, aller, venir の直説法現在の活用 ∩27

Présent de l'indicatif des verbes faire / aller / venir

faire する		**aller** 行く		**venir** 来る	
je	fais	je	vais	je	viens
tu	fais	tu	vas	tu	viens
il	fait	il	va	il	vient
nous	faisons	nous	allons	nous	venons
vous	faites	vous	allez	vous	venez
ils	font	ils	vont	ils	viennent

Qu'est-ce qu'ils *font* ?　　Où *vas*-tu ?　　D'où *vient*-elle ?

— Ils *font* des courses.　　— Je *vais* à Paris.　　— Elle *vient* de Paris.

2　前置詞 à, de ＋定冠詞 le, les の縮約

Les formes contractées : les prépositions à et de + l'article défini

| à＋le → **au**　　à＋les → **aux**　　de＋le → **du**　　de＋les → **des** |

Je vais *au* cinéma.　　　　Il vient *du* cinéma.

Je vais *aux* Etats-Unis.　　Ils viennent *des* Etats-Unis.

＊à la, à l', de la, de l' はそのまま．

3　所有形容詞 Les adjectifs possessifs

	男性単数	女性単数	男性・女性複数
私の 君の 彼(女)の	**mon** **ton** **son**	**ma (mon)** * **ta (ton)** * **sa (son)** *	**mes** **tes** **ses**
私たちの あなた(たち)の 彼(女)らの	**notre** **votre** **leur**		**nos** **vos** **leurs**

＊母音または無音の h で始まる語の前では，mon, ton, son となる．　*mon* école (f.)

4　指示形容詞 Les adjectifs démonstratifs

男性単数	女性単数	男性・女性複数
ce (cet)	**cette**	**ces**

ce film　　*cet* homme　　　*cette* femme　　*ces* étudiants　　*ces* étudiantes

ce soir　　*cette* semaine　　*ces* jours-ci

1 18頁の会話を読んで質問に答えなさい．Répondez aux questions sur le dialogue de la page 18. 🎧 28

    1. Où va Damien ce soir ?

    2. Qu'est-ce qu'il fait comme sport ?

    3. Est-ce que Marie-Noëlle joue au tennis ce soir ?

    4. Qu'est-ce qu'elle fait le soir ?

    5. Où vont-ils demain soir ?

2 動詞を直説法現在に活用させなさい．Mettez les verbes à la forme correcte du présent.

    1. Qu'est-ce que tu (faire) le samedi ?　— Je (aller) à la piscine.

    2. Qu'est-ce qu'ils (faire) le lundi ?　　— Ils (aller) à l'université.

    3. Nous (aller) au cinéma. Tu (venir) ?　— Non, je (faire) des courses au supermarché.

    4. Ils (aller) à la bibliothèque ?　　　— Non, ils (venir) à la maison.

    5. D'où (venir)-vous ?　　　　　　　— Nous (venir) de France.

3 絵を見て，所有形容詞を（　　）に入れなさい．

    Regardez ces dessins et complétez les phrases avec des adjectifs possessifs.

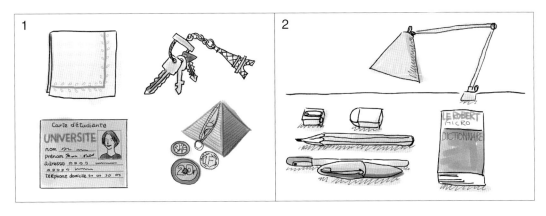

    1. Dans le sac de Marie-Noëlle, il y a (　　　　) porte-monnaie, (　　　　) clefs, (　　　　) mouchoir et (　　　　) carte d'étudiante.

    2. Qu'est-ce qu'il y a sur votre bureau ?

       — Il y a (　　　) lampe, (　　　) dictionnaire, (　　　) stylos-billes, (　　　) gomme, (　　　) crayon de bois et (　　　) taille-crayon.

4 数字を聞き取り，（　　）に数字で書きなさい．Écrivez les nombres que vous entendez. 🎧 29

    1. Damien et Marie-Noëlle paient (　　　　) euros pour le cinéma.

    2. La grand-mère de Marie-Noëlle a (　　　　) ans.

    3. Elle habite (　　　　) rue Mirabeau.

    4. Ce livre a (　　　　) pages.

    5. Il coûte (　　　　) euros.

Comment est ta maison ? ∩ 30

Chez Cécile, à 11 heures.

Cécile : Allô, Isabelle ? C'est Cécile.

Isabelle : Salut ! Comment ça va ?

Cécile : Ça va. Excuse-moi de te déranger. Je t'appelle pour t'inviter à dîner ce soir, si tu veux.

Isabelle : Très bien. Mais, tu peux m'expliquer le chemin pour aller chez toi ?

Cécile : C'est facile à trouver.

Isabelle : Attends, je cherche un crayon. Ça y est !

Cécile : Alors, prends le boulevard Foch. Tourne à droite au premier feu en face du cinéma et va tout droit. J'habite 7 rue des Arènes.

Isabelle : Comment est ta maison ?

Cécile : C'est une maison neuve avec une porte marron et un petit jardin devant.

Isabelle : D'accord. Je viens et j'apporte le dessert.

Cécile : Non, viens assez tôt et préparons-le ensemble. D'accord ?

Isabelle : Bonne idée ! À tout à l'heure !

Prononciation ∩ 31

[ø] は舌の位置は [e] で，唇の形は [o] のように丸めて突き出します。

[œ] は舌の位置は [ɛ] で，唇の形は [ɔ] のように丸めて前に突き出します。

[e] [o] [ø] : des / dos / deux   [ɛ] [ɔ] [œ] : sert / sort / sœur

[ø] / [œ] : il veut / ils veulent

Expressions

道順を説明する Expliquer une direction 🎧 32

Allez tout droit.	まっすぐ行ってください.
Tournez à gauche.	左に曲がってください.
Prenez la première rue à droite.	最初の道を右に行ってください.
Allez jusqu'au carrefour.	交差点まで行ってください.
Traversez la rue.	道を横切ってください.
Passez devant le cinéma.	映画館の前を通ってください.

Vocabulaire

建物 Les bâtiments

la banque	銀行	la bibliothèque	図書館	la boulangerie	パン屋
le café	喫茶店	la cathédrale	大聖堂	le château	城
le cinéma	映画館	l'église (f.)	教会	l'épicerie (f.)	食料品店
la gare	駅	l'hôpital (m.)	病院	l'hôtel (m.)	ホテル
la mairie	市役所	le musée	美術館	le parc	公園
la piscine	プール	la poste	郵便局	le restaurant	レストラン

住まいと家具 Le logement et les meubles

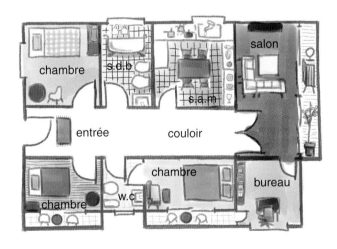

l'armoire (f.)	洋服だんす
la bibliothèque	本棚
le divan	ソファー
l'étagère (f.)	棚
le fauteuil	肘掛けいす
le lit	ベッド
le placard	戸棚
la moquette	カーペット
le tapis	じゅうたん, マット

位置を表す前置詞（句） Les prépositions de lieu

sur	～の上に	sous	～の下に	entre	～の間に
dans	～の中に	à côté de	～のそばに	près de	～の近くに
à droite de	～の右に	à gauche de	～の左に	en face (de)	(～の)前に
au centre de	～の中央に	devant	～の前に	derrière	～の後に

La piscine est à gauche de la bibliothèque.　プールは図書館の左にあります.

1 不規則動詞 prendre, voir, pouvoir, vouloir の直説法現在の活用 ⌂33

Présent de l'indicatif des verbes prendre / voir / pouvoir / vouloir

prendre 取る，乗る		**voir** 見る		**pouvoir** できる		**vouloir** 望む	
je	prends	je	vois	je	peux	je	veux
tu	prends	tu	vois	tu	peux	tu	veux
il	prend	il	voit	il	peut	il	veut
nous	prenons	nous	voyons	nous	pouvons	nous	voulons
vous	prenez	vous	voyez	vous	pouvez	vous	voulez
ils	prennent	ils	voient	ils	peuvent	ils	veulent

Elle *prend* un taxi.　　Tu *vois* un film.　　Vous *pouvez* entrer.　　Je *veux* sortir.

2 命令法 L'impératif

tu, nous, vous の直説法現在形から作る．

tu	tournes	→	**tourne**		tu	viens	→	**viens**
nous	tournons	→	**tournons**		nous	venons	→	**venons**
vous	tournez	→	**tournez**		vous	venez	→	**venez**

* -er動詞，aller, ouvrir, offrir の tu の命令形では s がないことに注意．

　tu tournes → **tourne**　　　tu vas → **va**　　　tu ouvres → **ouvre**　　　tu offres → **offre**

* être, avoir の命令形：être：**sois, soyons, soyez**　　　avoir：**aie, ayons, ayez**

* 否定命令文： Ne tourne pas.

3 補語人称代名詞と人称代名詞強勢形

Les pronoms personnels compléments d'objet et les pronoms toniques

直接目的	**me (m')**	**te (t')**	**le (l')**	**la (l')**	**nous**	**vous**	**les**	
間接目的			**lui**				**leur**	
強 勢 形	**moi**	**toi**	**lui**	**elle**			**eux**	**elles**

* me, te, le, la は母音の前で m', t', l' になる．　　Je *t'*invite.

* 補語人称代名詞は動詞の前に置くが，肯定命令文では動詞の後ろに置かれ，me, te は moi, toi の形になる．
　Excuse-*moi*.

* 人称代名詞強勢形は肯定命令文以外にも，次のような場合に用いられる．

1）C'est の後： C'est *moi*.　　　　　　　　2）前置詞の後： avec *toi*.

3）主語の強調： *Moi*, je pars.　　　　　　4）比較の que の後（p.40参照）．

4 序数詞 Les nombres ordinaux ⌂34

基数詞＋接尾辞 -ième（基数詞が e で終わるものは e を省く．）

1^{er(ère)}　premier (première)　　　　　10e　dixième

2e　deuxième　　　　　　　　　　　　11e　onzième

Exercices

1 22頁の会話を読んで質問に答えなさい。 Répondez aux questions sur le dialogue de la page 22. 🎧 35

   1. Qui téléphone à Isabelle ?

   2. Pourquoi est-ce qu'elle téléphone ?

   3. Cécile habite dans quelle rue ? À quel numéro ?

   4. Comment est la maison de Cécile ?

   5. Qu'est-ce qu'Isabelle veut apporter ?

2 動詞を直説法現在に活用させなさい。 Mettez les verbes à la forme correcte du présent.

   1. Tu (vouloir) venir à la maison ?   — Non, je ne (pouvoir) pas. Je travaille.

   2. Nous (vouloir) aller à la gare.   — Vous (pouvoir) prendre le bus n°22.

   3. Il (vouloir) aller à Hawaï.   — Mais il ne (pouvoir) pas. C'est trop cher.

   4. Elles (pouvoir) venir avec nous ?   — Non, elles ne (vouloir) pas !

3 絵を見て命令文を作りなさい。 Regardez ces dessins. Imaginez des ordres à l'impératif.

   1. Dans la chambre des enfants. → (   ) tes jouets ! (   ) la télévision !

   2. Dans la classe. → (   ) bien ! Ne (   ) pas de bruits.

   3. Dans la rue. → (   ) tout droit ! Ne (   ) pas ici.

4 補語人称代名詞を用いて答えなさい。

Répondez en utilisant un pronom complément d'objet directe ou indirect.

   1. Tu regardes la télévision ?   — Oui, (   ).

   2. Vous achetez ce journal ?   — Non, (   ).

   3. Elle prépare la salade ?   — Non, (   ).

   4. Cécile téléphone à Isabelle ?   — Oui, (   ).

   5. Tu demandes à Cécile son adresse ?   — Oui, (   ).

   6. Tu parles à Véronique ?   — Non, (   ).

Qu'est-ce qu'on fait comme dessert ? 🎧 36

Chez Cécile, dans la cuisine.

Isabelle : Qu'est-ce qu'on fait comme dessert ?

Cécile : Tu choisis…

Isabelle : Un gâteau au chocolat !

Cécile : D'accord. Alors, je sors le beurre du réfrigérateur. D'abord, tu le mélanges avec du chocolat sur le feu. Ensuite, tu ajoutes du sucre et de la farine.

Isabelle : Et après, j'ajoute du miel ?

Cécile : Mais non, tu viens de mettre du sucre !
Ajoute deux jaunes d'œufs et
deux blancs en neige.
Maintenant, mélange bien, verse un peu
de cointreau. C'est tout.

Isabelle : Bon, alors, on le verse dans le moule ?

Cécile : Oui, et on le met 40 minutes au four.

Isabelle : Pendant ce temps, on peut mettre la table ?

Cécile : Oui, mais on mange dans le jardin.

Isabelle : Génial !

Prononciation 🎧 37

[ʒ] [ʃ] は唇を前に突き出すようにして発音してみましょう．

[ʒ] : ajouter, jaune, neige, jardin, génial

[ʃ] : choisir, chocolat, charcuterie

＊今までに習った単語で，上の音になる単語を書き加えてみましょう．

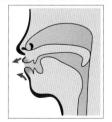

Expressions

食事や料理について語る　Manger et cuisiner 🎧 38

Je choisis un plat du jour.	私は日替わり料理を選びます。
Je prends du poulet (de la viande).	私は鶏肉(肉)を食べます。
Je mange du fromage tous les jours.	私は毎日チーズを食べます。
Je prépare une tarte aux pommes.	私はリンゴのタルトを作ります。
Je coupe les pommes en deux.	私はリンゴを2つに切ります。
J'épluche les pommes de terre.	私はじゃがいもの皮をむきます。

Vocabulaire

料理の準備に用いられるいくつかの動詞　Les verbes pour la cuisine

laisser reposer	寝かせておく	faire sauter	いためる	faire cuire	焼く(煮る)
saler et poivrer	塩こしょうする	blanchir	ゆでる	faire fondre	溶かす
rôtir	オーブンで焼く	griller	網で焼く	assaisonner	味付けする

食品と料理　L'alimentation et les plats

l'agneau (m.)	子羊	le bacon	ベーコン	la charcuterie	豚肉製品
le chou	キャベツ	le citron	レモン	la confiture	ジャム
l'eau (f.)	水	la farine	小麦粉	le hareng	ニシン
l'huile (f.)	油	le jambon	ハム	la moutarde	からし
le pâté	パテ	le porc	豚肉	le poivre	こしょう
le poulet	若鶏	la salade	サラダ	la saucisse	ソーセージ
le saumon	鮭	le sel	塩	le sucre	砂糖
le thon	まぐろ	la tomate	トマト		

le gâteau au chocolat	チョコレートケーキ	la tarte aux fruits	果物のタルト
le soufflé au fromage	チーズスフレ	la quiche lorraine	ロレーヌ風キッシュ

数詞　Les nombres 81-100　🎧 39

81	quatre-vingt-un	82	quatre-vingt-deux	83	quatre-vingt-trois
90	quatre-vingt-dix	92	quatre-vingt-douze	97	quatre-vingt-dix-sept
100	cent				

1 第2群規則動詞（-ir 動詞）と不規則動詞 sortir, mettre, boire の活用 🎧 40

Présent de l'indicatif des verbes en « -ir » et sortir / mettre / boire

choisir 選ぶ	**sortir** 外出する	**mettre** 置く	**boire** 飲む
je chois**is**	je sors	je mets	je bois
tu chois**is**	tu sors	tu mets	tu bois
il chois**it**	il sort	il met	il boit
nous chois**issons**	nous sortons	nous mettons	nous buvons
vous chois**issez**	vous sortez	vous mettez	vous buvez
ils chois**issent**	ils sortent	ils mettent	ils boivent

＊よく使われる -ir 動詞：　finir, obéir, remplir, réussir, rougir, blanchir

＊ sortir の同型動詞：　　partir, servir, dormir, sentir

＊ mettre の同型動詞：　　permettre, remettre

2 近接過去 Le passé récent

心理的に近い過去を表す．「〜したばかり」

> **動詞 venir の現在の活用＋ de ＋不定詞**

Il *vient de sortir.*　　Nous *venons de déjeuner.*

3 部分冠詞 L'article partitif

数えられない物を表す名詞（物質名詞，抽象名詞）の前に置かれ，若干量を示すときに用いられる．
特定し，量を表さないときは定冠詞を用いる．　ex. J'aime *l'*eau.

男性単数	女性単数
du (de l')	**de la (de l')**

du beurre　　　*de l'*alcool　　　*de la* farine　　　*de l'*eau

du courage　　*de la* patience　　*de l'*ambition

＊直接目的語につく部分冠詞は否定文では de になる．

　J'ai *de la* chance.　　Je n'ai pas *de* chance.

＊次のような分量表現を用いるときは部分冠詞はつけない．

beaucoup de café　　**un peu de** sel　　**un kilo de** farine　　**un litre d'**huile

une tranche de jambon

＊ faire ＋部分冠詞＋名詞：「（スポーツなど）をする，（楽器）を弾く」

faire du sport　　　faire du yoga　　　faire de la natation　　faire de la voile

faire du piano

Exercices

1 26頁の会話を読んで質問に答えなさい．Répondez aux questions sur le dialogue de la page 26. 🎧 41

1. Qu'est-ce qu'Isabelle et Cécile préparent ?
2. Qu'est-ce qu'elles font d'abord ?
3. Est-ce qu'Isabelle ajoute du miel ? Pourquoi ?
4. Combien de temps est-ce qu'on fait cuire le gâteau ?
5. Qu'est-ce qu'elles font pendant que le gâteau cuit ?

2 例に従い答えなさい．Répondez aux questions, comme dans l'exemple.

ex. On mange un gâteau ? — Mais non, on vient de manger une crêpe !

1. On prend un café ?   — (   ) un thé !
2. Tu achètes un pull ?   — (   ) un manteau !
3. Vous voulez jouer au football ?   — (   ) au tennis !
4. Elle prépare un gâteau au chocolat ? — (   ) une tarte aux pommes !
5. Ils vont à Paris ?   — (   ) à Marseille !

3 写真を見て，部分冠詞を（   ）に入れなさい．Regardez cette photo et mettez les articles partitifs.

Qu'est-ce qu'on met dans les crêpes ?

— Dans la pâte à crêpes, on met (   )
farine, des œufs, (   ) lait, (   )
beurre, (   ) rhum et (   ) sucre. On
mange les crêpes avec (   ) confiture,
(   ) chocolat, (   ) miel, des fruits,
(   ) glace ou (   ) crème Chantilly !
C'est une spécialité de Bretagne.

4 数字を聞き取り，（   ）に数字で書きなさい．Écrivez les nombres que vous entendez. 🎧 42

Cécile fait des courses à l'épicerie.

Cécile :   Bonjour ! (   ) grammes de cerises, s'il vous plaît.
Vendeur :   Voilà, (   ) euros. Et avec ça ?
Cécile :   (   ) tablettes dc chocolat.
Vendeur :   Voilà, (   ) euros (   ).
Cécile :   Combien coûte cette bouteille de vin ?
Vendeur :   (   ) euros (   ).
Cécile :   D'accord. Je la prends.
Vendeur :   Vous désirez autre chose ?
Cécile :   Non, c'est tout.
Vendeur :   Alors, ça fait (   ) euros (   ).

Tu vas partir quand ? ∩ 43

Chez Isabelle, le 10 juillet.

Laurent : Qu'est-ce que tu vas faire pendant les vacances ?

Isabelle : Je vais partir chez mes parents en Bretagne.

Laurent : Ah, tu vas bien te reposer là-bas !

Isabelle : C'est vrai ! Quand je vais chez mes parents,
je me couche tard, parce que je sors beaucoup
le soir. Mais je me lève tard aussi,
vers onze heures. Après, je me douche
et je vais à la plage toute la journée.

Laurent : Tu vas partir quand ?

Isabelle : La semaine prochaine.
Je dois commencer ma valise demain.

Laurent : Tu emportes beaucoup de choses ?

Isabelle : Non, un maillot de bain, trois pantalons, des tee-shirts et des pulls.

Laurent : Des pulls en été ! Mais pourquoi ?

Isabelle : Tu sais, le soir, en Bretagne, il fait souvent un peu frais.

Prononciation ∩ 44

子音 [l] [ʀ] の練習をしましょう.

[l] : Isabelle,   plage,   valise,   pantalon,   pull

[ʀ] : parents,   reposer,   vrai,   tard,   après,
bonjour,   merci

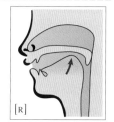

Expressions

天候 Le temps ∩ 45

Quel temps fait-il ?   どんな天気ですか.

— Il fait chaud (froid).   暑い(寒い)です.

— Il fait 40 degrés.   40度あります.

— Il fait beau (mauvais).   天気がいい(悪い)です.

— Il pleut.   雨が降っている.

— Il neige.   雪が降っている.

— Il y a des nuages (du vent). 雲(風)がある.

時間 L'heure ∩ 46

Quelle heure est-il ?   今何時ですか.

— Il est une heure.   1時です.

— Il est trois heures dix.   3時10分です.

— Il est quatre heures et quart. 4時15分です.

— Il est cinq heures et demie. 5時半です.

— Il est six heures moins cinq. 6時5分前です.

— Il est sept heures moins le quart. 7時15分前です.

— Il est midi (minuit).   正午(真夜中)です.

— Il est quatorze heures.   14時です.

À quelle heure partons-nous ? 私たちは何時に出かけますか.

— Nous partons à neuf heures moins cinq. 私たちは9時5分前に出かけます.

Vocabulaire

季節 Les saisons

hiver	冬	printemps	春	été	夏	automne	秋
en hiver	冬に	au printemps	春に	en été	夏に	en automne	秋に

衣類 Les vêtements

un gilet	カーディガン	une chemise	ワイシャツ
un chemisier	シャツブラウス	un costume	(男性用)スーツ
une jupe	スカート	un maillot de bain	水着
un manteau	コート	un pantalon	ズボン
un polo	ポロシャツ	un pull	セーター
une robe	ドレス	un tailleur	(女性用)スーツ
un tee-shirt	Tシャツ	une veste	ジャケット

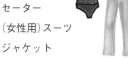

Grammaire

1 不規則動詞 savoir, devoir の直説法現在の活用 🎧 47

Présent de l'indicatif des verbes savoir / devoir

savoir 知る				**devoir** ～しなければならない	
je	sais	nous	savons	je dois	nous devons
tu	sais	vous	savez	tu dois	vous devez
il	sait	ils	savent	il doit	ils doivent

Je *sais* parler anglais.　　　　Je *dois* travailler.

2 近接未来 Le futur proche

心理的に近い未来を表す.「すぐ～します」「～するつもりです」

> 動詞 aller の現在の活用 ＋ 不定詞

Elle *va partir* chez ses parents.

3 代名動詞 Les verbes pronominaux 🎧 48

主語と同じ人称の目的補語代名詞をともなう動詞を代名動詞という.
lever（他動詞）起こす → se lever（代名動詞）起きる

se lever 起きる					
je	**me**	lève	nous	**nous**	levons
tu	**te**	lèves	vous	**vous**	levez
il	**se**	lève	ils	**se**	lèvent

＊よく使われる代名動詞

s'appeler, s'asseoir, se coiffer, se coucher, se doucher, se dépêcher, s'habiller, s'informer, s'inscrire (à), se maquiller, se promener, se rappeler, se reposer, se réveiller, se souvenir de

＊肯定命令： Lève-toi !　　　Levons-nous !　　　Levez-vous !

＊否定命令： Ne vous levez pas.

4 不定形容詞 tout

男性単数	女性単数	男性複数	女性複数
tout	**toute**	**tous**	**toutes**

tout le monde　皆　　　　　*toute* la journée　1日中

tous les jours　毎日　　　　*toutes* mes amies　私の女友達全員

Exercices

1　30頁の会話を読んで質問に答えなさい．Répondez aux questions sur le dialogue de la page 30.　🎧49

　1. Qu'est-ce qu'Isabelle va faire pendant les vacances ?
　2. Pourquoi est-ce qu'elle se couche tard, en vacances ?
　3. À quelle heure est-ce qu'elle se lève, en vacances ?
　4. Quand est-ce qu'elle va partir ?
　5. Qu'est-ce qu'elle va emporter ?

2　近接未来を用いて文を書き換えなさい．Faites des phrases au futur proche.

　ex. Damien joue au tennis. → Damien va jouer au tennis.

　1. Isabelle et Laurent partent au Japon.
　2. Nous restons à la maison.
　3. Monsieur Morin visite Saint-Malo.
　4. Vous partez au bord de la mer ?
　5. Je n'ai pas de vacances.

3　絵を見て，例に従い文を作りなさい．Décrivez les dessins.

　Quel temps fait-il ?

　ex. — Au printemps, il y a du soleil. Il fait 18 degrés.

　1. Quel temps fait-il ?　— En été, (　　　　　　　　　　　　　　　　　　).
　2. Quel temps fait-il ?　— En automne, (　　　　　　　　　　　　　　　　).
　3. Quel temps fait-il ?　— En hiver, (　　　　　　　　　　　　　　　　　　).

4　セシルとステファンの土曜日の過ごし方を下の表を見て語りなさい．
　Racontez un samedi habituel de Cécile et Stéphane en utilisant les éléments suivants.

Se lever	08 H 00	Rencontrer des amis	16 H 00
Prendre le petit déjeuner	08 H 30	Aller au café	16 H 30
Se préparer pour sortir	09 H 00	Aller au cinéma	20 H 00
Aller au marché	10 H 00	Dîner dans un petit restaurant	22 H 00
Faire la cuisine	12 H 00	Rentrer à la maison et se doucher	23 H 45
Déjeuner	13 H 00	Se coucher	00 H 30
aller dans le centre ville	14 H 30		

　ex. Ils se lèvent à 8 heures. Ils prennent le petit déjeuner à...

写真を見て，それぞれのお店で何が買えるかフランス語で考えて話してみてください.

Qu'est-ce qu'on peut acheter dans ces différents magasins ?

▲ chez le marchand de fruits et légumes

▲ chez le fromager

▲ chez le boucher

▲ chez le marchand de vin

▲ chez l'épicier

▲ chez le chocolatier

▲ chez le boulanger

以下の写真に写っている場所はフランス語で何と言いますか．何をするときに行きますか．

Qu'est-ce qu'on peut faire dans les lieux suivants ?

1 次の資料を読みなさい. Lisez le document suivant. 🎧 50

Cécile parle de sa maison.

Voici ma maison. Elle a un étage.

Au rez-de-chaussée, il y a un salon-salle à manger, une chambre d'amis, une salle de bains et une grande cuisine. J'aime beaucoup faire la cuisine. Au premier étage, il y a deux chambres et le bureau de Stéphane. Il travaille souvent dans son bureau le soir.

Devant la maison, il y a un petit jardin et un garage. J'ai une voiture japonaise. Je fais les courses avec cette voiture.

Derrière la maison, il y a aussi un jardin avec des arbres. Nous sommes contents de cette maison.

▶ あなたの家やアパート，部屋について説明しなさい.
  Décrivez votre maison, votre appartement ou votre chambre.

2 写真と料理の説明を読みなさい. Regardez les photos et lisez l'explication du plat. 🎧 51

a) Le cassoulet

b) La fondue

a) Dans le cassoulet, on met des haricots blancs, du canard, des saucisses, de la tomate, et des oignons. C'est une spécialité de la région de Toulouse.

b) Dans la fondue, on met du fromage, du vin blanc, de l'alcool. On mange la fondue avec du pain, de la charcuterie et des pommes de terre. C'est une spécialité de Savoie.

c) Le sukiyaki

Pour faire le sukiyaki, on utilise du bœuf, des pâtes shirataki, du tofu, du chou chinois, des poireaux, des shiitakés, du bouillon, de la sauce de soja, du mirin et un peu de sucre en poudre.

▶ あなたが作りたい料理の材料を書きなさい．Écrivez les ingrédients d'un plat que vous aimez préparer.

3 イザベルが彼女の余暇の話をしています．音声を聞いて，曜日の活動にあてはまる絵の番号を（　　）に入れなさい．∩52

Écoutez Isabelle. Elle parle de ses loisirs. Regardez les dessins et écrivez le chiffre correspondant à son activité de chaque jour de la semaine.

lundi　　（　　）　　mardi　（　　）　　mercredi　（　　）　　jeudi（　　）
vendredi（　　）　　samedi（　　）　　dimanche（　　）

Qu'est-ce que tu as fait pendant les vacances ? ∩ 53

Chez Damien.

Marie-Noëlle :	Alors Damien, qu'est-ce que tu as fait pendant les vacances ?
Damien :	Je suis allé à Nice. J'ai rencontré beaucoup d'étudiants, parce que j'ai habité chez un copain, étudiant aussi.
Marie-Noëlle :	Tu es tout bronzé ! Tu as passé beaucoup de temps à la plage ?
Damien :	Oui, toutes mes journées. Nous avons nagé et nous avons joué au volley-ball. Mais tu sais, les Niçois sont plus bronzés que moi !
Marie-Noëlle :	Ce n'est pas difficile ! Là-bas, il y a quand même plus de soleil qu'ici !
Damien :	Bien sûr ! Tu sais, après le travail, tout le monde se promène ou va à la terrasse d'un café. Je pense aussi que les gens sont plus gais qu'ici.
Marie-Noëlle :	C'est le soleil ! Tu as aimé cette région ?
Damien :	Oh oui ! J'ai vraiment adoré !

Répondez aux questions sur le dialogue. ∩ 54

1. Où est-ce que Damien est allé pendant les vacances ?
2. Où est-ce qu'il a habité ?
3. Son ami, qu'est-ce qu'il fait ?
4. Pourquoi est-ce que Damien est bronzé ?
5. Qu'est-ce qu'il a fait à la plage ?

人や事物を比較する Comparer 🎧55

Il est plus grand que moi.	彼は私より背が高い.
Elle est aussi gentille que lui.	彼女は彼と同じくらい親切です.
Il fait moins beau ici qu'à Nice.	ここはニースほど天気がよくない.
C'est le meilleur restaurant de la ville.	町で一番おいしいレストランです.
C'est la jupe la moins chère.	一番安いスカートです.
Il a moins de livres que moi.	彼は私ほど本を持っていない.

時の表現 Se situer dans le temps (1) （過去時制といっしょによく使われる表現です.）

hier	昨日	le mois dernier	先月
lundi dernier	この前の月曜日	l'année dernière	去年
il y a une semaine	1週間前	pendant les vacances	休暇の間
ce matin	今朝	en avance	時間より早く
à l'heure	時間どおり	en retard	遅刻して

Hier, j'ai visité une cave à Saumur. 昨日，私はソミュールでワイン酒蔵を見学した.

Vocabulaire

よく使われる形容詞 Les adjectifs qualificatifs （ペアで覚えましょう.）

chaud(e)	熱い（暑い）	froid(e)	冷たい
beau (belle)	美しい	laid(e)	醜い
gai(e)	陽気な	triste	悲しい，憂鬱な
gentil(le)	親切な	méchant(e)	意地悪い
heureux(euse)	幸福な	malheureux(euse)	不幸な
jeune	若い	vieux (vieille)	年取った
léger(ère)	軽い	lourd(e)	重い
long(ue)	長い	court(e)	短い
mince	やせた	gros(se)	太った
rond(e)	丸い	carré(e)	四角い
travailleur(euse)	勤勉な	paresseux(euse)	怠け者の
vrai(e)	本当の	faux(sse)	間違った

色の形容詞 Les adjectifs de couleur

○ blanc(he)	白い	jaune	黄色い	● bleu(e)	青い	● vert(e)	緑の
● rouge	赤い	● brun(e)	茶色の	● marron	栗色の	● noir(e)	黒い
● gris(e)	灰色の	● beige	ベージュの				

bleu clair (foncé) 薄い(濃い)青色の noirâtre 黒っぽい

Grammaire

1 形容詞・副詞の比較級と最上級 Le comparatif et le superlatif de l'adjectif et de l'adverbe

比較級：

> plus
> aussi ＋形容詞・副詞＋ que
> moins

Il est *plus* bronzé *que* moi.   Je nage *aussi* bien *que* toi.

最上級：

> le / la / les ＋ plus (moins) ＋ 形容詞＋de
> le   ＋ plus (moins) ＋ 副 詞＋de

C'est *la plus* grande chambre *de* l'hôtel.

＊特殊な比較級・最上級：

bon(ne) ― meilleur(e) ― le (la) meilleur(e)   bien ― mieux ― le mieux

＊名詞を比較するときは plus (moins) de ＋名詞＋ que.

Il y a *plus de* touristes en été *qu'*en hiver.

2 過去分詞 Le participe passé

1）第1群規則動詞および aller： -er → **-é**   manger → mang**é**   aller → all**é**

2）第2群規則動詞および sortir： -ir → **-i**   finir → fin**i**   sortir → sort**i**

3）よく使われる不規則動詞：

avoir → **eu**	boire → **bu**	connaître → **connu**	devoir → **dû**
dire → **dit**	être → **été**	faire → **fait**	lire → **lu**
mettre → **mis**	pouvoir → **pu**	prendre → **pris**	recevoir → **reçu**
savoir → **su**	venir → **venu**	voir → **vu**	vouloir → **voulu**

3 直説法複合過去 Le passé composé de l'indicatif 🎧56

> 助動詞 avoir または être の直説法現在＋過去分詞

faire する

j'	ai fait	nous	avons fait
tu	as fait	vous	avez fait
il	a fait	ils	ont fait
elle	a fait	elles	ont fait

aller 行く

je	suis allé(e)	nous	sommes allé(e)s
tu	es allé(e)	vous	êtes allé(e)(s)
il	est allé	ils	sont allés
elle	est allée	elles	sont allées

＊他動詞および大部分の自動詞は助動詞 avoir を用いる．

＊助動詞に être を用いる場合： 以下にあげる14の自動詞とそれから作られる動詞（revenir, repartir）など．過去分詞は主語の性・数に一致する．

aller, venir, partir, arriver, entrer, sortir, rester, tomber, monter, descendre (**descendu**), mourir (**mort**), naître (**né**), passer, retourner

Exercices

1 下の形容詞を用いて，例に従い比較の文を作りなさい．

Comparez ces personnes en utilisant les adjectifs proposés.

ex. Damien	1. Damien	2. Marc	3. Laurent
Isabelle	Stéphane	Hélène	Cécile

grand (+)	petit (+)	jeune (+)	souriant (+)
travailleur (=)	gros (−)	âgé (+)	gentil (=)

ex. Damien est plus grand qu'Isabelle. / Isabelle est aussi travailleuse que Damien.

2 動詞を複合過去に活用させなさい． Mettez au passé composé.

1. Il joue au volley.　　　　　　　　→　Hier aussi, (　　　　　　　　　　　).
2. Elle rencontre des amis.　　　　　→　Hier aussi, (　　　　　　　　　　　).
3. Vous n'avez pas de problème.　　→　Hier non plus, (　　　　　　　　　　).
4. Elle tombe dans l'escalier.　　　　→　Hier aussi, (　　　　　　　　　　　).
5. Nous descendons en ascenseur.　→　Hier aussi, (　　　　　　　　　　　).
6. Cécile revient tard.　　　　　　　　→　Hier aussi, (　　　　　　　　　　　).

3 ダミアンのニースへの旅行のメモです．ダミアンの1日を過去形で書きなさい．

Écrivez le voyage de Damien à Nice.

Lundi 10 août Partir en T.G.V. d'Angers à 8 heures. Arriver à Paris à 9 H 33. Prendre le T.G.V. de 11 H 10 pour Nice. Manger un sandwich dans le train. Boire un coca. Arriver à 17 H 44 à Nice. Aller chez un ami. À Nice, faire une promenade sur la plage. Dîner au restaurant avec des amis.	Le lundi 10 août, Damien est parti en T.G.V. d'Angers à 8 heures. Il...

Qu'est-ce qui ne va pas ? ∩ 57

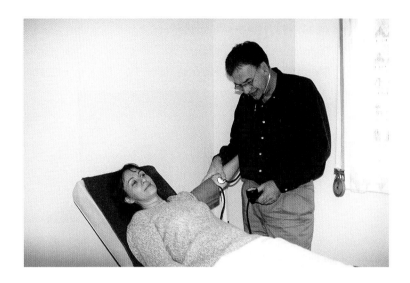

Dans le cabinet du docteur.

Le docteur :   Bonjour, Madame Morin. Asseyez-vous. Alors, qu'est-ce qui ne va pas ?

Cécile :   Je ne comprends pas. Quand je me lève le matin, je me sens toujours très fatiguée.

Le docteur :   Ah bon ? Voyons, qu'est-ce que vous avez fait hier ?

Cécile :   Comme tous les jours, je me suis levée à 6 heures pour faire le petit déjeuner. Puis, j'ai préparé les enfants pour l'école et j'y suis allée à pied avec eux. Après, j'ai fait le ménage et j'ai fait des gâteaux. J'en ai fait deux !

Le docteur :   Et ensuite, vous vous êtes reposée ?

Cécile :   Non, je suis allée au supermarché et j'ai préparé le dîner. Le soir, j'ai aidé les enfants à faire leurs devoirs et je me suis couchée à 23 heures.

Le docteur :   À mon avis, vous travaillez un peu trop. À partir de maintenant, il faut vous reposer.

Cécile :   Je le sais bien, mais ce n'est pas facile !

Répondez aux questions sur le dialogue. ∩ 58

1. Pourquoi est-ce que Cécile va chez le docteur ?
2. À quelle heure est-ce qu'elle s'est levée hier ?
3. Combien de gâteaux est-ce qu'elle a préparés ?
4. Est-ce qu'elle s'est reposée l'après-midi ?
5. À quelle heure est-ce qu'elle s'est couchée ?

体の調子について語る Parler de l'état de santé ⌒ 59

Comment vous sentez-vous ?	気分はいかがですか.
Je suis en bonne santé.	私は健康です.
Je suis enrhumé(e).	私は風邪をひいている.
J'ai de la fièvre.	私は熱がある.
J'ai la grippe.	私は流感にかかっている.
J'ai mal aux dents.	私は歯が痛いです.
J'ai rendez-vous chez le dentiste.	私は歯医者に予約している.
Vous n'avez pas bonne mine.	あなたは顔色がよくないですね.
Je n'aime pas les médicaments.	私は薬が好きではないです.
Elle s'est fait mal au genou.	彼女はひざをけがしました.
Je me sens mieux ce matin.	今朝は具合がよいです.

avoir を使った体調を表す表現 Les expressions avec le verbe « avoir »

avoir faim	お腹がすいた	avoir mal au cœur	吐き気がする
soif	のどが渇いた	avoir mal à...	〜が痛い
chaud (froid)	暑い（寒い）		
sommeil	眠い		

体の各部 Les parties du corps

la tête
l'épaule
les doigts
la main
le bras
le dos
le ventre
le genou
le pied
le cou
le coude
les reins
la jambe
la cheville

les sourcils
le front
les yeux
le nez
les oreilles
les lèvres
les dents
la langue
les cheveux

1 代名動詞の複合過去 Le passé composé des verbes pronominaux 🎧60

助動詞は être．再帰代名詞が間接目的でない場合，過去分詞は主語に一致する．

se promener 散歩する

Je	me	suis	promené(**e**)		nous	nous	sommes	promené(**e**)**s**
tu	t'	es	promené(**e**)		vous	vous	êtes	promené(**e**)(**s**)
il	s'	est	promené		ils	se	sont	promené**s**
elle	s'	est	promené**e**		elles	se	sont	promené**es**

Elle *s'est promenée* dans le jardin.	彼女は庭を散歩した．
Elle *s'est brossé* les dents.	彼女は歯を磨いた．（直接目的語は les dents）
Elles *se sont* souvent *téléphoné*.	彼女たちはよく電話しあった．

（téléphoner à ～に電話する → se téléphoner 互いに電話しあう：se は間接目的）

2 中性代名詞 Les pronoms neutres : en, y, le

en 1）de＋場所の代わり：

Elle vient du Japon ? — Oui, elle *en* vient.

2）de＋名詞・代名詞・不定詞・節・文：

Vous avez besoin de beurre ? — Oui, j'*en* ai besoin.

3）不定冠詞・部分冠詞・分量副詞・数形容詞＋名詞（数詞は残る）：

Elle a préparé deux gâteaux ? — Oui, elle *en* a préparé deux.

y 1）à（およびàに準ずる前置詞）＋名詞：

Vous êtes allé à l'école ? — Oui, j'*y* suis allé.

2）à＋物：

Vous pensez à vos devoirs ? — Oui, j'*y* pense.

le 1）性・数の関係なく，属詞としての形容詞や名詞を受ける．

Tu es fatigué ? — Oui, je *le* suis.

2）直接目的となる不定詞・節などを受ける．

Elle est absente. Je *le* sais.

3 非人称動詞 falloir

Il faut＋不定詞：「～しなければならない」 ／ **Il ne faut pas＋不定詞**：「～してはならない」

Il faut partir tout de suite. ／ *Il ne faut pas* trop manger.

Il faut＋名詞：「～が必要である」

Il vous *faut* deux cents euros pour ce voyage.

Exercices

1 絵を見て，複合過去を用いて文を作りなさい．

Regardez les images et faites des phrases au passé composé.

ex. Hier, elle s'est réveillée à six heures.

2 中性代名詞y, en を用いて答えなさい． Répondez en utilisant les pronoms Y et EN.

1. Tu vas à la piscine ?　　　　　　　— Oui, (　　　　　　　　　　　　　　　).
2. Il travaille à Paris ?　　　　　　　— Non, (　　　　　　　　　　　　　　　).
3. Vous pensez à votre travail ?　　　— Oui, (　　　　　　　　　　　　　　　).
4. Tu viens du Japon ?　　　　　　　— Oui, (　　　　　　　　　　　　　　　).
5. Vous avez acheté des fleurs ?　　　— Oui, (　　　　　　　　　　　　　　　).
6. Elles ont fait un cadeau ?　　　　— Non, (　　　　　　　　　　　　　　　).
7. Cécile a pris des médicaments ?　— Oui, (　　　　　　　　　　　　　　　).
8. Vous êtes restés chez vos amis ?　— Non, (　　　　　　　　　　　　　　　).

3 音声を聞いて書き取りなさい． Écoutez et complétez le dialogue avec le docteur.　🎧61

Stéphane a un peu de fièvre.

Docteur :　Bonjour, Monsieur.

Stéphane : (　　　　　　　　　　　　).

Docteur :　Qu'est-ce qui se passe ?

Stéphane : (　　　　　　　　　) depuis
　　　　　　hier soir.

Docteur :　Vous avez pris votre température ?

Stéphane : Oui, (　　　　　　　　　　).

Docteur :　Bon, allongez-vous, respirez...

Stéphane : (　　　　　　　　　　　) ?

Docteur :　Non, ce n'est pas grave.
　　　　　　Je vais vous faire une ordonnance
　　　　　　pour les médicaments.

45

Comme c'est joli ! 🎧 62

M. et Mme Morin visitent le Mont Saint-Michel avec Isabelle et Laurent.

Isabelle :	Comme c'est joli !
Laurent :	Oui, cet endroit magnifique est visité par plus de deux millions de touristes chaque année.
Stéphane :	Qu'est-ce qu'il y a en haut ?
Laurent :	Une abbaye avec cinq moines et trois religieuses ! Le cloître et l'église sont superbes.
Cécile :	C'est original, ce pont pour traverser la mer et arriver au Mont !
Laurent :	Oui. En 2014, l'ancienne route a été remplacée par ce pont à cause d'un grave problème d'ensablement et le Mont est redevenu une île.
Isabelle :	Bon, on monte visiter l'abbaye ?
Laurent :	Oui, mais attention, il y a un escalier de 365 marches !
Cécile :	Alors, allons-y doucement. En redescendant, je voudrais acheter des souvenirs. C'est possible ?
Stéphane :	D'accord, mais vite, parce qu'après, nous allons déjeuner au restaurant « Chez la mère Poulard ».

Répondez aux questions sur le dialogue. 🎧 63

1. Combien de touristes visitent le Mont chaque année ?
2. Qu'est-ce qu'il y a en haut du Mont ?
3. Qu'est-ce qui s'est passé en 2014 ?
4. Combien de marches y a-t-il pour arriver à l'abbaye ?
5. Qu'est-ce qu'ils vont faire en redescendant ?

Expressions

疑問の表現のまとめ 🎧 64

Où se trouve le musée Marmottan ?	マルモタン美術館はどこにありますか.
Comment peut-on y aller ?	そこにどうやって行けますか.
Combien coûte l'entrée ?	入場料はいくらですか.
Qui a construit ceci ?	誰がこれを建てたのですか.
Quand a-t-il été construit ?	いつ建てられましたか.
Quel est ce bâtiment ?	あの建物は何ですか.
Il est de quelle époque ?	それはどの時代の物ですか.
À quelle heure commence la visite ?	見学は何時に始まりますか.

Vocabulaire

観光 Le tourisme

l'appareil-photo (m.)	カメラ	le caméscope	ビデオカメラ
l'entrée (f.)	入場，入場料，入口	l'itinéraire (f.)	旅程，道順
l'agence (f.) de voyages	旅行代理店	la brochure	パンフレット
le plan	地図	le château	城
l'église (f.)	教会	le zoo	動物園
la plage	海岸	la station balnéaire	海水浴場
le téléphérique	ロープウエー	la station thermale	温泉
la spécialité	名物料理	la province	地方（首都に対して）
la région	地方，地域	la carte postale	絵はがき

場所の前置詞「～に，～で」 à, en, dans, chez

動詞によっても，意味によっても使い分ける必要がありますが，基本的なことを覚えておきましょう.

都市	**à**	à Paris	à Berlin		
男性国名	**au**	au Japon	au Canada		
	en	en Iran	en Ouganda		
複数国名	**aux**	aux États-unis	aux Pays-Bas		
女性国名	**en**	en France	en Italie	en Suisse	en Algérie
大陸	**en**	en Afrique	en Amérique	en Asie	en Europe
地名	**dans**	dans les Alpes	dans le Midi	dans le Calvados	
		dans le quartier du Marais			
道，庭	**dans**	dans le jardin	dans la rue		
階段，部屋	**dans**	dans l'escalier	dans la chambre		
人	**chez**	chez Paul	chez des amis		

1 受動態 La voix passive

$$\boxed{\text{être＋過去分詞（他動詞）＋par (de)＋動作主}}$$

Damien invite Marie-Noëlle.

Marie-Noëlle *est invitée par* Damien.

＊過去分詞は主語の性・数に一致する．

＊受動態の時制は être の時制で表される．

　Ce pont *a été détruit* par une inondation terrible.（複合過去形）

2 現在分詞 Le participe présent **とジェロンディフ** Le gérondif

現在分詞の作り方　**-ant**

1人称複数 nous の直説法現在の活用から作る．

nous *part*ons → *part*ant　　　　例外：　avoir → *ay*ant　　　être → *ét*ant

ジェロンディフ：　$\boxed{\text{en＋現在分詞}}$

用法：ジェロンディフの主語は主文の主語と同じである．

　　　同時性，手段，条件，対立などを表す．

Ils mangent *en regardant* la télévision.

On apprend bien *en faisant* beaucoup d'exercices.

3 疑問形容詞 L'adjectif interrogatif，**感嘆形容詞** L'adjectif exclamatif

男性単数	女性単数	男性複数	女性複数
quel	**quelle**	**quels**	**quelles**

1）　疑問形容詞

　Quelle est votre nationalité ?

　Quels châteaux avez-vous visités ?

2）　感嘆形容詞

　Quelle belle photo !

　Quel beau paysage !

1 能動態は受動態に，受動態は能動態に書き換えなさい．

Mettez ces phrases à la forme passive ou active.

1. Les jardiniers plantent un arbre.
2. Le gardien surveille le musée.
3. Un homme a été arrêté par la police.
4. Les professeurs préparent les examens.
5. Les diplômes vont être remis par le directeur.
6. Une étudiante a été blessée par un chien.

2 絵を見て，例に従いジェロンディフを用いて文を作りなさい．

Regardez les images et faites une phrase avec le gérondif.

ex. Elle lit en écoutant de la musique.

3 音声を聞いて書き取りなさい．Écoutez et écrivez. 🎧65

Dans un magasin de souvenirs.

Vendeur :　Bonjour, Madame !

Cécile :　Bonjour ! (　　　　　　　　　) galettes et trois (　　　　　　　　),
s'il vous plaît.

Vendeur :　(　　　　　　　　) coûte 0,60 euro, mais si vous en prenez
(　　　　　　　　), ça fait (　　　　　　　　　).

Cécile :　Alors, (　　　　　　　)-m'en quatre.

Vendeur :　Voilà. (　　　　　　　　　) autre chose ?

Cécile :　Non, (　　　　　　　　). Merci.

4 写真を見て質問をしなさい．🎧66

Regardez la photo et posez des questions pour avoir des
informations.

ex. Où se trouve ce château ?

Elle s'appelait Clémentine. ∩ 67

Chez les Morin, le 25 décembre, à l'heure du petit déjeuner.

Cécile : Joyeux Noël ! Le Père Noël est passé ?

Marc : Oui. Il a apporté beaucoup de cadeaux. On ouvre ?

Stéphane : Bien sûr !

Hélène : Moi, j'ai eu un ordinateur !

Marc : Et moi, un vélo !

Mamie : Vous êtes vraiment gâtés ! Quand j'étais enfant, nous n'avions pas tout ça. Je me souviens, le soir du réveillon, toute la famille restait devant la cheminée, mon père nous racontait des histoires, et le jour de Noël, nous regardions les cadeaux. Les enfants trouvaient toujours une grosse orange et un sucre d'orge dans leurs chaussons.

Marc : C'est tout ?

Mamie : Oui, mais une fois, quand j'avais huit ans, j'ai eu une jolie poupée avec une très belle robe ! J'étais très émue. J'ai très longtemps joué avec elle. Elle s'appelait Clémentine.

Répondez aux questions sur le dialogue. ∩ 68

1. Qu'est-ce qu'on fête en France le 25 décembre ?
2. Qu'est-ce que les enfants ont eu comme cadeaux ?
3. Qu'est-ce que la famille de Mamie faisait le soir du réveillon ?
4. À quel âge Mamie a-t-elle eu une poupée ?
5. Comment s'appelait cette poupée ?

Expressions

買い物をするとき Dans les magasins... 🎧69

Puis-je regarder ?	見ていいですか.
Puis-je essayer cette robe ?	このドレスを試着していいですか.
Avez-vous d'autres couleurs ?	違う色はありますか.
Combien coûte cette cravate ?	このネクタイはいくらですか.
Je prends celui-ci (celle-ci).	これを買います.
Pouvez-vous faire un paquet-cadeau ?	プレゼントの包装をしてもらえますか.
Elle me plaît beaucoup, cette jupe.	このスカート, とても気に入ったわ.
On peut payer par carte ?	クレジットカードで払えますか.

Vocabulaire

プレゼントの品 Les cadeaux

男性には

des chocolats	チョコレート	une ceinture	ベルト	une cravate	ネクタイ
un parfum	香水	un portefeuille	財布	une serviette	かばん
un porte-clef	キーホルダー	une bouteille de vin	ワインボトル		

女性には

une assiette	皿	un (des) bijou(x)	アクセサリー	une bougie	ろうそく
une fleur	花	un (des) gâteau(x)	ケーキ	un foulard	スカーフ
une nappe	テーブルクロス	une plante	植物	un sac	バッグ
un pull	セーター	un appareil ménager	台所器具	un vase	花びん

子供には

un jouet	おもちゃ	un livre	本	une poupée	人形
des bonbons	キャンデー	des chaussures	靴	un DVD	DVD
un jeu vidéo	テレビゲーム				

数詞 Les nombres 1 000- 🎧70

少し, 大きい数字になれましょう.

1 000	mille
10 000	dix mille
100 000	cent mille
1 000 000	un million
10 000 000	dix millions
100 000 000	cent millions
1 000 000 000	un milliard

1 **直説法半過去** L'imparfait de l'indicatif ⌒71

活用語尾はすべての動詞に共通： **-ais -ais -ait -ions -iez -aient**

語幹：直説法現在1人称複数から，語尾の -ons を取り除いたもの．

nous *fais*ons → je *fais*ais 例外： être → j'*étais*

	faire		**avoir**		**être**
je	fais**ais**	j'	av**ais**	j'	ét**ais**
tu	fais**ais**	tu	av**ais**	tu	ét**ais**
il	fais**ait**	il	av**ait**	il	ét**ait**
nous	fais**ions**	nous	av**ions**	nous	ét**ions**
vous	fais**iez**	vous	av**iez**	vous	ét**iez**
ils	fais**aient**	ils	av**aient**	ils	ét**aient**

用法：

1) 過去において継続している動作，状態を表す．

L'année dernière, je ne *parlais* pas français.

2) 過去における習慣．

Je *me promenais* souvent à Paris quand j'étais étudiante.

3) si＋半過去?：提案・誘いを表す構文．

Si on *allait* prendre un café ?

4) 過去における現在：複文で主節が過去時制の場合，時制の一致で現在は半過去で表される．

Il m'a dit qu'il *était* fatigué.

（Il m'a dit : « Je suis fatigué. »）

2 **直説法大過去** Le plus-que-parfait

> 助動詞 avoir または être の直説法半過去＋過去分詞

J'avais travaillé dans un café.

J'étais allé(e) en vacances à la mer.

用法：

1) 過去のある時点より前に完了している行為，状態を表す．

2) 過去における過去（間接話法における時制の一致）．

Il m'a dit qu'il *avait acheté* ce livre.

（Il m'a dit : « J'ai acheté ce livre. »）

1 動詞を半過去に活用させなさい. Mettez les verbes à l'imparfait pour exprimer une description.

Mamie présente la maison où elle habitait quand elle était enfant.

Quand j'(avoir) dix ans, j'(habiter) dans une petite maison à la campagne avec ma famille. Il y (avoir) quatre pièces. Dans le salon, on (pouvoir) rester à côté d'un feu de cheminée. La cuisine (être) grande avec des meubles jaunes. Le jardin (entourer) la maison. Un grand arbre (se trouver) au milieu du jardin. Quelquefois, nous (entendre) les oiseaux chanter au printemps. Je (voir) la campagne par la fenêtre de ma chambre et j'(adorer) ça.

2 絵を見て，例に従い文を作りなさい. Faites des phrases correspondant aux images.

Mamie raconte ses dimanches quand elle était enfant.

ex. Tous les dimanches, je me levais vers huit heures.

3 音声を聞いて書き取りなさい. Écoutez et écrivez. ∩72

Dans un magasin de vêtements.

Vendeuse : Bonjour, Madame !

Cécile : Bonjour. (   ) ce pull ?

Vendeuse : (   ) euros.

Cécile : Je peux essayer ? Il est (   ) !

Vendeuse : Bien sûr ! Quelle taille (   ) ?

Cécile : (   ).

Vendeuse : Voilà.

Cécile : Merci. Il me va bien. (   ).

＊ペアで会話の練習をしてみましょう. パンタロン等，買う品物を変えて練習しましょう.

53

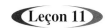

Quels sont vos projets pour la nouvelle année ? ⌒ 73

Le premier janvier, chez Stéphane et Cécile.

Tous :	Bonne année ! Bonne santé !
Cécile :	Alors, quels sont vos projets pour la nouvelle année ?
Damien :	Beaucoup de choses importantes : je travaillerai beaucoup pour mes examens et je commencerai à chercher un travail au mois de juin.
Marie-Noëlle :	Moi, j'irai en Angleterre pendant les vacances de Pâques pour pratiquer mon anglais. Je partirai avec mon professeur. Elle accompagnera toute la classe dans une université.
Stéphane :	Et vous habiterez où ?
Marie-Noëlle :	On sera dans des familles anglaises.
Damien :	J'aimerais bien voyager un peu aussi, mais je n'ai pas beaucoup d'argent. Pour faire des économies, cette année, si j'en avais le courage, j'arrêterais de fumer.
Cécile :	Ça, c'est une bonne idée !
Marie-Noëlle :	Ah, je voudrais aussi aller au Japon !
Stéphane :	Tu connais quelqu'un là-bas ?
Marie-Noëlle :	Oui, j'ai une amie japonaise et j'aimerais bien la revoir. Mais, je n'ai pas eu de ses nouvelles depuis longtemps.

Répondez aux questions sur le dialogue. ⌒ 74

1. Qu'est-ce qu'on dit en France pour la nouvelle année ?
2. Quels sont les projets de Damien ?
3. Qu'est-ce que Marie-Noëlle fera à Pâques ?
4. Est-ce qu'elle partira seule ?
5. Qu'est-ce que Damien ferait, s'il en avait le courage ?

Expressions

誘う Inviter 🎧75

Vous voulez venir dîner à la maison ?	家に夕食に来ませんか.
Je vous invite au restaurant.	レストランに招待します.
Vous déjeunerez bien avec moi ?	昼食をいっしょにしませんか.
Ça vous dirait d'aller voir un film ?	映画を見に行きませんか.
Si on allait prendre un verre ?	一杯飲みませんか.

受け入れる Accepter, 断わる Refuser 🎧76

C'est une bonne idée.	いい考えですね.
C'est sympa. (Ce serait sympa.)	すてきですね.
Avec plaisir. (Volontiers.) D'accord.	喜んで. いいですよ.
C'est très gentil de votre part.	とてもご親切に.
Oui, si tu veux.	まあ, いいですよ.
Je vais voir.	考えます.
Je suis désolé(e), je ne peux pas ce soir.	すみません. 今晩だめです.
Je regrette, mais j'ai du travail.	残念だけど, 仕事があるので.
C'est gentil, mais je suis pris(e).	ありがとう, でも先約があるので.
J'aimerais bien, mais je ne suis pas libre.	いいんですけど, 予定があるので.

感謝されたときの受け答え Répondre aux remerciements 🎧77

Il n'y a pas de quoi.	どういたしまして.
De rien.	どういたしまして.
Je vous en prie.	どういたしまして.
C'est tout à fait normal.	当然です.

時の表現 Se situer dans le temps (2)　（未来のことを語るときに必要な表現です.）

demain	明日	cet après-midi	今日の午後
ce soir	今晩	dans une semaine	1週間後
lundi prochain	次の月曜日	l'année prochaine	来年

Je reviendrai dans un mois.　私は1か月後に帰ってきます.

1　直説法単純未来 Le futur simple de l'indicatif 🎧 78

	commencer		**prendre**		**avoir**		**être**
je	commence**rai**	je	prend**rai**	j'	au**rai**	je	se**rai**
tu	commence**ras**	tu	prend**ras**	tu	au**ras**	tu	se**ras**
il	commence**ra**	il	prend**ra**	il	au**ra**	il	se**ra**
nous	commence**rons**	nous	prend**rons**	nous	au**rons**	nous	se**rons**
vous	commence**rez**	vous	prend**rez**	vous	au**rez**	vous	se**rez**
ils	commence**ront**	ils	prend**ront**	ils	au**ront**	ils	se**ront**

＊語幹が不規則でよく使われる動詞

aller → j'**i**rai　　　faire → je **fe**rai　　　pouvoir → je **pour**rai

savoir → je **sau**rai　　venir → je **viend**rai　　voir → je **ver**rai

用法：

1）　未来における行為，状態，予定を表す．

Je *serai* dans une famille anglaise.

2）　2人称では軽い命令を表す．

Tu m'*aideras* à faire le ménage.

2　条件法現在 Le conditionnel présent 🎧 79

語幹：単純未来の語幹と同じ　　活用語尾：r＋半過去の語尾

avoir の未来形：　j'*au*rai → 条件法現在形：　j'*au*rais

	avoir		**être**		**vouloir**
j'	au**rais**	je	se**rais**	je	voud**rais**
tu	au**rais**	tu	se**rais**	tu	voud**rais**
il	au**rait**	il	se**rait**	il	voud**rait**
nous	au**rions**	nous	se**rions**	nous	voud**rions**
vous	au**riez**	vous	se**riez**	vous	voud**riez**
ils	au**raient**	ils	se**raient**	ils	voud**raient**

用法：

1）　語調の緩和：

J'*aimerais* me marier.　　　　Je *voudrais* vous parler.

2）　現在の事実に反する仮定に基づく結果を推測する．条件法は結果を表す主節で用いる．

| **Si＋直説法半過去，条件法現在** | ：　Si j'étais riche, j'*achèterais* un château. |

3）　過去における未来（間接話法における時制の一致）．

Il m'a dit qu'il me *téléphonerait* le lendemain.

（Il m'a dit：《Je te téléphonerai demain.》）

Exercices

1 絵を見て，単純未来を用いて文を作りなさい．

Regardez les dessins et faites des phrases au futur simple.

ex. La semaine prochaine, elle dînera au restaurant.

1. Le mois prochain, ...   2. Demain matin, ...   3. Dimanche prochain, ...

2 条件法現在を用いて文を書き換えなさい． Utilisez le conditionnel de politesse.

ex. Vous pouvez me prêter votre voiture ce soir ?

    → Vous pourriez me prêter votre voiture ce soir ?

1. Je veux absolument sortir le soir.

2. Je souhaite plus d'argent de poche.

3. Vous devez être moins sévères avec moi.

4. Il faut me laisser partir en vacances avec mes amis.

5. Je veux trouver un petit boulot pour gagner de l'argent.

3 音声を聞いて書き取りなさい． ∩80

Écoutez et complétez avec les éléments que vous entendez.

À la gare.

Voyageur : Bonjour, je voudrais réserver un billet de T.G.V. pour Nantes.

Employé : Oui. Pour (   ) ?

Voyageur : Pour le (   ).

Employé : Vous partez seul ?

Voyageur : Non, je voyage avec mon (   ).

Employé : Quel âge a-t-il ?

Voyageur : (   ) ans. Est-ce qu'il y a une (   ) pour lui ?

Employé : Oui. (   ) % pour les enfants de moins de 12 ans.

Voyageur : Je voudrais partir vers (   ).

Employé : D'accord. Départ à 10 H 12 d'Angers. Vous voyagez en (   )
                classe ?

Voyageur : Non, en seconde !

Employé : Alors, un enfant et un adulte, ça fait (   ) euros.

Je serais vraiment contente que tu viennes dans mon pays. ⌒ 81

Tokyo, le 25 janvier

Chère Marie-Noëlle,

Il y a longtemps que je ne t'ai pas écrit et je le regrette. Tu sais, je n'ai pas beaucoup de temps libre. Il faut que je travaille beaucoup pour réussir mes derniers examens de français. Si tout marche bien, je travaillerai dans une agence de voyages dès avril. Et un jour, je voudrais accompagner des touristes japonais à Paris.

Tu sais, j'ai passé un excellent séjour en France il y a deux ans. Je me souviens de plusieurs sorties faites ensemble, c'était formidable ! J'aimerais bien te revoir. Est-ce que tu as des projets pour les vacances de juillet ? Je serais vraiment contente que tu viennes dans mon pays. Alors, si tu en as envie, je t'invite chez moi.

Je voudrais bien que tu me répondes vite pour que je puisse organiser ton séjour. J'espère que ce sera possible !

À bientôt,

Amitiés,

Akiko

- -

Répondez aux questions sur le texte. ⌒ 82

1. Pourquoi Akiko n'a-t-elle pas écrit avant ?
2. Qu'est-ce qu'elle fait à l'université ?
3. Où va-t-elle travailler ?
4. Quand est-elle venue en France ?
5. Pourquoi écrit-elle à Marie-Noëlle aujourd'hui ?

- -

Expressions

意見を尋ねる Demander son avis à quelqu'un ⌂83

Comment vous le trouvez ?	どう思いますか.
Qu'est-ce que vous en pensez ?	どう思いますか.
Quel est votre avis ?	あなたの意見はどうですか.

自分の意見や気持ちを言う Exprimer son opinion ou ses sentiments ⌂84

Je crois que c'est vrai.	本当だと思います.
Je trouve que c'est trop cher.	それは高すぎると思います.
Il me semble que c'est possible.	可能だと思います.
Je suis sûr(e) qu'elle viendra.	彼女が来ることを確信しています.
Je ne pense pas qu'il vienne demain.	彼が明日来るとは思わない.
Cela m'étonnerait qu'elle soit malade.	彼女が病気だなんてまさか.
Je suis heureux(se) de vous revoir.	またあなたに会えるのはうれしいです.
Je suis content(e) qu'elle vienne.	彼女が来るのはうれしいです.
Je regrette qu'elle ne soit pas venue.	彼女が来なかったのは残念です.

手紙のいくつかの表現 Pour commencer et finir une lettre ⌂85

Excusez-moi pour mon long silence.	長い間ごぶさたして申し訳ありません.
Je vous écris pour vous annoncer...	〜をとりあえずお知らせします.
J'ai l'honneur de vous annoncer que...	〜をご通知申し上げます.
Veuillez présenter mes amitiés chez vous.	ご家族の皆様によろしくお伝えください.

正式な手紙の様式 Lettre formelle

```
(nom et adresse      Paris, le 12 décembre 20...
 de l'expéditeur)    (ville, date)

                     (Nom et adresse
                      du destinataire)

Objet : ............................

Monsieur (Madame),
(formule d'introduction)

    ...................................................................
...................................................................
    ...................................................................
...................................................................
    ...................................................................
...................................................................
    Veuillez recevoir ................................
    (formule de politesse)

                (Signature)
```

59

1　接続法現在 Le présent du subjonctif 🎧 86

語幹は一般に直説法現在の ils の語幹と同じ．

語尾は共通： **-e -es -e -ions -iez -ent**　　　　avoir, être は例外．

	aimer		choisir		avoir		être	
que	j'	aim**e**	je	choisiss**e**	j'	**aie**	je	**sois**
que	tu	aim**es**	tu	choisiss**es**	tu	**aies**	tu	**sois**
qu'	il	aim**e**	il	choisiss**e**	il	**ait**	il	**soit**
que	nous	aim**ions**	nous	choisiss**ions**	nous	**ayons**	nous	**soyons**
que	vous	aim**iez**	vous	choisiss**iez**	vous	**ayez**	vous	**soyez**
qu'	ils	aim**ent**	ils	choisiss**ent**	ils	**aient**	ils	**soient**

＊語幹が直説法現在と異なる動詞：

faire：que je **fass**e　　　　savoir：que je **sach**e　　　　pouvoir：que je **puiss**e

＊nous, vous の活用で語幹の変わる動詞：

aller：que j'**aill**e,　que nous **all**ions　　　　venir：que je **vienn**e,　que nous **ven**ions

2　接続法の用法

1）意志，願望，満足，恐れ，遺憾を表す動詞の後で．

vouloir que,　souhaiter que,　être content que,　avoir peur que,　regretter que

Je *suis content que* vous *puissiez* venir.

2）主節が否定または疑問形で，従属節の内容が不確実なとき．

Je ne crois pas que,　Pensez-vous que...？

Je *ne crois pas qu'*il *soit* malade.

3）意志，判断を表す非人称構文で．

Il faut que vous *veniez* demain.

4）目的，条件，譲歩などを表す接続詞句に導かれる従属節において．

afin que,　à condition que,　bien que

*Afin qu'*on *puisse* avancer le travail, nous avons besoin de ton aide.

5）最上級，またはそれに類する表現のあるとき．

C'est *la meilleure solution qu'*on *puisse* trouver.

1 動詞を接続法現在に活用させなさい. Mettez les verbes au subjonctif présent.

1. Je veux que vous (faire) un programme de visites.
2. Elle est triste que Damien (ne pas écrire) souvent.
3. Tu pars avant qu'ils (revenir).
4. Le guide traduit pour que les touristes (pouvoir) comprendre.
5. Il faut que tu (savoir) parler japonais.
6. Il est nécessaire que nous (être) prêtes à huit heures.
7. Il est indispensable que vous (avoir) un passeport valide.
8. Il vaut mieux que tu (emporter) une petite valise.

2 フランス人の友人が日本に来ます. 絵を見ながら彼にアドヴァイスをしなさい.

Un ami français vient visiter le Japon. Donnez-lui quelques conseils, en regardant les images et en utilisant il faut que, il est nécessaire que, il vaut mieux que, il ne faut pas que.

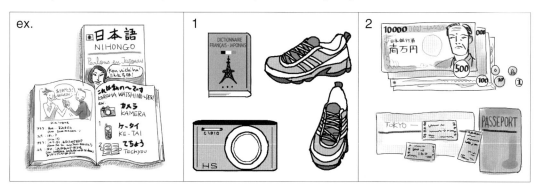

ex. Il est important que tu apprennes à lire le japonais.

3 音声を聞いて手紙を完成させなさい. Écoutez et complétez ces lettres d'invitation. 🎧 87

Chère (   ),

    Le week-end (   ) je vais partir au bord de la mer faire du bateau (   ). Je vais loger dans (   ) d'un ami. Voudrais-tu (   )?

                                    Cécile

Chère Cécile,

    Merci beaucoup (   ). Je suis vraiment désolée, mais (   ) avec toi pendant les vacances. Je dois (   ) au Japon. (   ) peut-être ?

                            Bises,

                                Marie-Noëlle

写真はフランスの祝祭日に関連するものです．フランスではどんな習慣があるでしょうか．
フランス語で質問したり，答を考えたりしてみましょう．

Qu'est-ce qu'on fait les jours de fêtes en France ?

▲ L'Epiphanie

▲ La Chandeleur

▲ Le Mardi gras et son carnaval

▲ Pâques

▲ La Fête nationale

▲ La Toussaint

フランスの地図と写真を見てください．●印のフランスの町の名前と河の名前はわかりますか．
フランスでヴァカンスを過ごすとしたら，どこに行ってみたいですか．どうしてですか．
フランス語で話をしてみてください．

Regardez les photos et la carte de France. Retrouvez le nom des villes et des fleuves.
Dans quelle région aimeriez-vous passer vos vacances ? Pourquoi ?

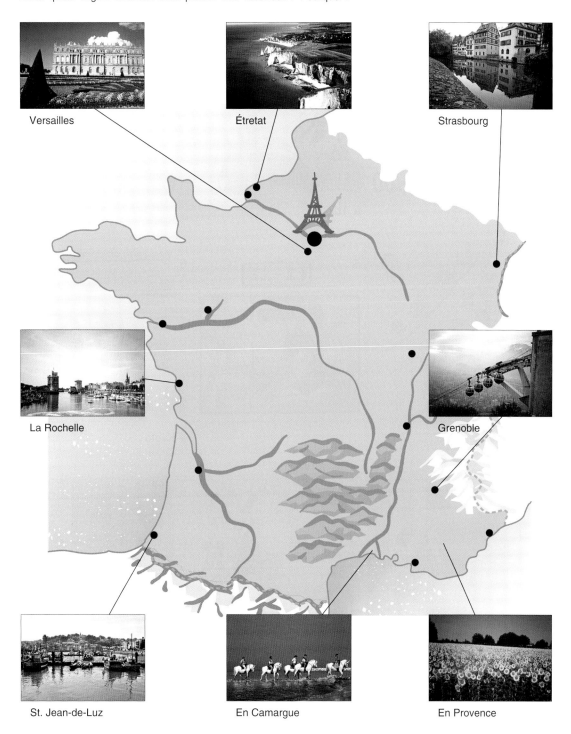

Versailles

Étretat

Strasbourg

La Rochelle

Grenoble

St. Jean-de-Luz

En Camargue

En Provence

1 絵を見て，指示に従い手紙を書きなさい．

Marie-Noëlle est au Japon. Aujourd'hui, le 20 juillet, elle écrit à Stéphane pour lui raconter ce qu'elle a fait et ce qu'elle va faire. Écrivez la lettre de Marie-Noëlle, en regardant les dessins ci-après.

le 15 juillet   à Tokyo

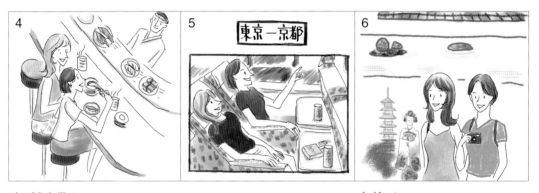

le 20 juillet   à Kyoto

du 27 au 30 juillet   le 31 juillet

2 音声を聞いて，正しい答を選びなさい．Écoutez ce dialogue et choisissez la bonne réponse. 🎧 88

Dans une agence de voyages.

1. Cécile voudrait partir

   ☐ au Mexique   ☐ aux États-Unis   ☐ au Canada

2. Elle voudrait partir

   ☐ le 10 mai   ☐ le 6 mai   ☐ le 10 mars

3. Pour le départ, il y a un avion

   ☐ le midi   ☐ le matin   ☐ l'après-midi

4. Le billet coûte

   ☐ 250 euros   ☐ 262 euros   ☐ 272 euros

5. Elle va aller

   ☐ à l'hôtel   ☐ dans une famille   ☐ chez un ami

6. Elle repart de Chicago

   ☐ le 25 mai   ☐ le 24 mai   ☐ le 26 mai

7. Elle réserve

   ☐ une place   ☐ deux places   ☐ trois places

8. Elle paiera

   ☐ demain   ☐ aujourd'hui   ☐ la semaine prochaine

3 次のような場合や質問を想定して，答を準備しましょう．Parlez.

1. フランス人の友人に，あなたの住んでいる町について話しましょう．
   Présentez votre ville à votre ami(e) français(e).

2. フランス人の友達に日本のお土産を贈るとしたら，あなたは何を選びますか．それはなぜですか．
   Vous voulez offrir un cadeau japonais à vos amis français. Que choisissez-vous ? Pourquoi ?

3. あなたの町や地方の伝統的なお祭りについて話してみましょう．
   Racontez une fête traditionnelle de votre pays.

4. あなたの最近の旅行について話してください．
   Racontez votre dernier voyage.

Quiz

1 教科書に関するクイズです．答えてください．
Connaissez-vous bien votre manuel ? Répondez aux questions.

	VRAI	FAUX
1. Stéphane n'aime pas le café.	☐	☐
2. Marie-Noëlle utilise Internet.	☐	☐
3. La maison de Cécile et Stéphane est neuve.	☐	☐
4. Cécile n'aime pas faire les gâteaux.	☐	☐
5. Isabelle apporte le dessert chez Cécile.	☐	☐
6. Les parents d'Isabelle habitent en Bretagne.	☐	☐
7. Il fait toujours chaud le soir en Bretagne en été.	☐	☐
8. Damien a passé ses vacances en Italie.	☐	☐
9. Cécile travaille beaucoup.	☐	☐
10. Il y a un ascenseur pour arriver en haut du Mont-Saint-Michel.	☐	☐
11. Marc et Hélène sont les enfants d'Isabelle.	☐	☐
12. La grand-mère de Marc s'appelle Clémentine.	☐	☐
13. Damien ne voyage pas beaucoup.	☐	☐
14. Akiko voudrait devenir guide touristique.	☐	☐
15. Akiko est la petite amie de Damien.	☐	☐

▶ 答を合わせてから，間違っている文を訂正してください．Corrigez les phrase incorrectes.

2 フランスとフランス人についての問題です．答えてみましょう．
Connaissez-vous bien la France et les Français ?

	VRAI	FAUX
1. Près de 25% de la population française habite à Paris et en région parisienne.	☐	☐
2. En France, les Français parlent seulement le français.	☐	☐
3. En France, il y a plus de 30 000 châteaux.	☐	☐
4. Marseille est la deuxième ville de France.	☐	☐
5. La tour Eiffel a plus de 100 ans.	☐	☐
6. Nantes est la capitale de la Bretagne.	☐	☐
7. La France est un pays voisin de la Hollande.	☐	☐
8. On produit le champagne dans la région de Bordeaux.	☐	☐
9. Beaucoup de Français pratiquent le judo.	☐	☐
10. La Loire se jette dans la mer Méditerranée.	☐	☐
11. On trouve du pétrole en France.	☐	☐
12. En France, les employés travaillent 35 H par semaine.	☐	☐
13. Plus de 50 millions de touristes étrangers visitent la France chaque année.	☐	☐
14. Tintin est français.	☐	☐
15. La S.N.C.F. est une société privée.	☐	☐

動 詞 活 用 表

| 不定詞
過去分詞 | 直　　説　　法 | | | 条件法 | 接続法 |
	現　在	半過去	単純未来	現　在	現　在
1. **aller** allé	je vais tu vas il va n. allons v. allez ils vont	j' allais tu allais il allait n. allions v. alliez ils allaient	j' irai tu iras il ira n. irons v. irez ils iront	j' irais tu irais il irait n. irions v. iriez ils iraient	j' aille tu ailles il aille n. allions v. alliez ils aillent
2. **appeler** appelé	j' appelle tu appelles il appelle n. appelons v. appelez ils appellent	j' appelais tu appelais il appelait n. appelions v. appeliez ils appelaient	j' appellerai tu appelleras il appellera n. appellerons v. appellerez ils appelleront	j' appellerais tu appellerais il appellerait n. appellerions v. appelleriez ils appelleraient	j' appelle tu appelles il appelle n. appelions v. appeliez ils appellent
3. **avoir** eu	j' ai tu as il a n. avons v. avez ils ont	j' avais tu avais il avait n. avions v. aviez ils avaient	j' aurai tu auras il aura n. aurons v. aurez ils auront	j' aurais tu aurais il aurait n. aurions v. auriez ils auraient	j' aie tu aies il ait n. ayons v. ayez ils aient
4. **commencer** commencé	je commence tu commences il commence n. commençons v. commencez ils commencent	je commençais tu commençais il commençait n. commencions v. commenciez ils commençaient	je commencerai tu commenceras il commencera n. commencerons v. commencerez ils commenceront	je commencerais tu commencerais il commencerait n. commencerions v. commenceriez ils commenceraient	je commence tu commences il commence n. commencions v. commenciez ils commencent
5. **connaître** connu	je connais tu connais il connaît n. connaissons v. connaissez ils connaissent	je connaissais tu connaissais il connaissait n. connaissions v. connaissiez ils connaissaient	je connaîtrai tu connaîtras il connaîtra n. connaîtrons v. connaîtrez ils connaîtront	je connaîtrais tu connaîtrais il connaîtrait n. connaîtrions v. connaîtriez ils connaîtraient	je connaisse tu connaisses il connaisse n. connaissions v. connaissiez ils connaissent
6. **construire** construit	je construis tu construis il construit n. construisons v. construisez ils construisent	je construisais tu construisais il construisait n. construisions v. construisiez ils construisaient	je construirai tu construiras il construira n. construirons v. construirez ils construiront	je construirais tu construirais il construirait n. construirions v. construiriez ils construiraient	je construise tu construises il construise n. construisions v. construisiez ils construisent
7. **courir** couru	je cours tu cours il court n. courons v. courez ils courent	je courais tu courais il courait n. courions v. couriez ils couraient	je courrai tu courras il courra n. courrons v. courrez ils courront	je courrais tu courrais il courrait n. courrions v. courriez ils courraient	je coure tu coures il coure n. courions v. couriez ils courent

不 定 詞 過去分詞	直　　説　　法			条件法	接続法
	現　在	半過去	単純未来	現　在	現　在
8. **descendre** descendu	je descends tu descends il descend n. descendons v. descendez ils descendent	je descendais tu descendais il descendait n. descendions v. descendiez ils descendaient	je descendrai tu descendras il descendra n. descendrons v. descendrez ils descendront	je descendrais tu descendrais il descendrait n. descendrions v. descendriez ils descendraient	je descende tu descendes il descende n. descendions v. descendiez ils descendent
9. **devoir** dû	je dois tu dois il doit n. devons v. devez ils doivent	je devais tu devais il devait n. devions v. deviez ils devaient	je devrai tu devras il devra n. devrons v. devrez ils devront	je devrais tu devrais il devrait n. devrions v. devriez ils devraient	je doive tu doives il doive n. devions v. deviez ils doivent
10. **dormir** dormi	je dors tu dors il dort n. dormons v. dormez ils dorment	je dormais tu dormais il dormait n. dormions v. dormiez ils dormaient	je dormirai tu dormiras il dormira n. dormirons v. dormirez ils dormiront	je dormirais tu dormirais il dormirait n. dormirions v. dormiriez ils dormiraient	je dorme tu dormes il dorme n. dormions v. dormiez ils dorment
11. **écrire** écrit	j' écris tu écris il écrit n. écrivons v. écrivez ils écrivent	j' écrivais tu écrivais il écrivait n. écrivions v. écriviez ils écrivaient	j' écrirai tu écriras il écrira n. écrirons v. écrirez ils écriront	j' écrirais tu écrirais il écrirait n. écririons v. écririez ils écriraient	j' écrive tu écrives il écrive n. écrivions v. écriviez ils écrivent
12. **entendre** entendu	j' entends tu entends il entend n. entendons v. entendez ils entendent	j' entendais tu entendais il entendait n. entendions v. entendiez ils entendaient	j' entendrai tu entendras il entendra n. entendrons v. entendrez ils entendront	j' entendrais tu entendrais il entendrait n. entendrions v. entendriez ils entendraient	j' entende tu entendes il entende n. entendions v. entendiez ils entendent
13. **être** été	je suis tu es il est n. sommes v. êtes ils sont	j' étais tu étais il était n. étions v. étiez ils étaient	je serai tu seras il sera n. serons v. serez ils seront	je serais tu serais il serait n. serions v. seriez ils seraient	je sois tu sois il soit n. soyons v. soyez ils soient
14. **faire** fait	je fais tu fais il fait n. faisons v. faites ils font	je faisais tu faisais il faisait n. faisions v. faisiez ils faisaient	je ferai tu feras il fera n. ferons v. ferez ils feront	je ferais tu ferais il ferait n. ferions v. feriez ils feraient	je fasse tu fasses il fasse n. fassions v. fassiez ils fassent

不 定 詞 過去分詞	直　説　法 現　在	半過去	単純未来	条件法 現　在	接続法 現　在
15. **lever** levé	je lève tu lèves il lève n. levons v. levez ils lèvent	je levais tu levais il levait n. levions v. leviez ils levaient	je lèverai tu lèveras il lèvera n. lèverons v. lèverez ils lèveront	je lèverais tu lèverais il lèverait n. lèverions v. lèveriez ils lèveraient	je lève tu lèves il lève n. levions v. leviez ils lèvent
16. **manger** mangé	je mange tu manges il mange n. mangeons v. mangez ils mangent	je mangeais tu mangeais il mangeait n. mangions v. mangiez ils mangeaient	je mangerai tu mangeras il mangera n. mangerons v. mangerez ils mangeront	je mangerais tu mangerais il mangerait n. mangerions v. mangeriez ils mangeraient	je mange tu manges il mange n. mangions v. mangiez ils mangent
17. **partir** parti	je pars tu pars il part n. partons v. partez ils partent	je partais tu partais il partait n. partions v. partiez ils partaient	je partirai tu partiras il partira n. partirons v. partirez ils partiront	je partirais tu partirais il partirait n. partirions v. partiriez ils partiraient	je parte tu partes il parte n. partions v. partiez ils partent
18. **perdre** perdu	je perds tu perds il perd n. perdons v. perdez ils perdent	je perdais tu perdais il perdait n. perdions v. perdiez ils perdaient	je perdrai tu perdras il perdra n. perdrons v. perdrez ils perdront	je perdrais tu perdrais il perdrait n. perdrions v. perdriez ils perdraient	je perde tu perdes il perde n. perdions v. perdiez ils perdent
19. **pouvoir** pu	je peux tu peux il peut n. pouvons v. pouvez ils peuvent	je pouvais tu pouvais il pouvait n. pouvions v. pouviez ils pouvaient	je pourrai tu pourras il pourra n. pourrons v. pourrez ils pourront	je pourrais tu pourrais il pourrait n. pourrions v. pourriez ils pourraient	je puisse tu puisses il puisse n. puissions v. puissiez ils puissent
20. **prendre** pris	je prends tu prends il prend n. prenons v. prenez ils prennent	je prenais tu prenais il prenait n. prenions v. preniez ils prenaient	je prendrai tu prendras il prendra n. prendrons v. prendrez ils prendront	je prendrais tu prendrais il prendrait n. prendrions v. prendriez ils prendraient	je prenne tu prennes il prenne n. prenions v. preniez ils prennent
21. **répéter** répété	je répète tu répètes il répète n. répétons v. répétez ils répètent	je répétais tu répétais il répétait n. répétions v. répétiez ils répétaient	je répéterai tu répéteras il répétera n. répéterons v. répéterez ils répéteront	je répéterais tu répéterais il répéterait n. répéterions v. répéteriez ils répéteraient	je répète tu répètes il répète n. répétions v. répétiez ils répètent

不 定 詞 過去分詞	直 説 法			条件法	接続法
	現 在	半過去	単純未来	現 在	現 在
22. **sortir** sorti	je sors tu sors il sort n. sortons v. sortez ils sortent	je sortais tu sortais il sortait n. sortions v. sortiez ils sortaient	je sortirai tu sortiras il sortira n. sortirons v. sortirez ils sortiront	je sortirais tu sortirais il sortirait n. sortirions v. sortiriez ils sortiraient	je sorte tu sortes il sorte n. sortions v. sortiez ils sortent
23. **suivre** suivi	je suis tu suis il suit n. suivons v. suivez ils suivent	je suivais tu suivais il suivait n. suivions v. suiviez ils suivaient	je suivrai tu suivras il suivra n. suivrons v. suivrez ils suivront	je suivrais tu suivrais il suivrait n. suivrions v. suivriez ils suivraient	je suive tu suives il suive n. suivions v. suiviez ils suivent
24. **venir** venu	je viens tu viens il vient n. venons v. venez ils viennent	je venais tu venais il venait n. venions v. veniez ils venaient	je viendrai tu viendras il viendra n. viendrons v. viendrez ils viendront	je viendrais tu viendrais il viendrait n. viendrions v. viendriez ils viendraient	je vienne tu viennes il vienne n. venions v. veniez ils viennent
25. **voir** vu	je vois tu vois il voit n. voyons v. voyez ils voient	je voyais tu voyais il voyait n. voyions v. voyiez ils voyaient	je verrai tu verras il verra n. verrons v. verrez ils verront	je verrais tu verrais il verrait n. verrions v. verriez ils verraient	je voie tu voies il voie n. voyions v. voyiez ils voient
26. **vouloir** voulu	je veux tu veux il veut n. voulons v. voulez ils veulent	je voulais tu voulais il voulait n. voulions v. vouliez ils voulaient	je voudrai tu voudras il voudra n. voudrons v. voudrez ils voudront	je voudrais tu voudrais il voudrait n. voudrions v. voudriez ils voudraient	je veuille tu veuilles il veuille n. voulions v. vouliez ils veuillent

著者紹介

阿南　婦美代（あなん　ふみよ）
　　長崎外国語大学名誉教授

セシル・モラン（Cécile MORIN）
　　西フランス・カトリック大学フランス語教育国際センター（C.I.D.E.F.）講師

《四訂版》

パショネマン1

2021年3月10日　初版印刷
2021年3月15日　初版発行

著　者　阿　南　婦　美　代
　　　　セ　シ　ル　・　モ　ラ　ン
発行者　藤　井　嘉　明
印刷所　幸　和　印　刷　株　式　会　社

発行・発売　　トレフル出版
　　　　　　　〒240-0022　横浜市保土ヶ谷区西久保町111
　　　　　　　有限会社 夢舎工房内
　　　　　　　TEL 045-332-7922 / FAX 045-332-7922
　　　　　　　https://www.trefle.press